성 찬 례

Adolf Adam
DIE EUCHARISTIEFEIER
Quelle und Gipfel des Glaubens
© Verlag Herder, Freiburg im Breisgau 1991

Translated by Choi Chang-Deok
© Benedict Press, Waegwan, Korea 1996

성찬례
1996년 11월 초판 | 2014년 2월 4쇄
옮긴이 · 최창덕 | 펴낸이 · 박현동
ⓒ 분도출판사
등록 · 1962년 5월 7일 라15호
718-806 경북 칠곡군 왜관읍 관문로 61
왜관 본사 · 전화 054-970-2400 · 팩스 054-971-0179
서울 지사 · 전화 02-2266-3605 · 팩스 02-2271-3605
www.bundobook.co.kr
ISBN 978-89-419-9628-6 03230
값 8,000원

아돌프 아담

성 찬 례

신앙의 원천이자 정점

최창덕 옮김

분 도 출 판 사

머 릿 글

존중과 참여라는 의미에서 보면 거룩한 미사는 광범위한 영역에서 그 "유통가치"가 떨어졌다. 그렇게 된 데는 많은 요인이 있다. 여기서는 한 가지만 언급하자면 현대사회 안에서 넓게 퍼져 있는 초월의식의 실종을 들 수 있겠다. 그 결과로 드러나고 있는 것은 그리스도교 신앙에 대한 무관심과 점증하는 몰인식이다.

특별히 교회의 전례야말로 이로 말미암아 당혹한 처지에 있다. 이 교회의 전례를 제2차 바티칸 공의회는 "교회활동이 지향하는 정점이며 모든 힘이 흘러나오는 원천"(「전례헌장」 10항)이라고 선언한다. 특별히 성찬례 거행에 대해서는 성체의 제사에 참여하는 것이 "그리스도교 생활 전체의 원천이요 절정"(「교회헌장」 11항)이라고 일컫는다.

"선善을 아는 사람은 또한 행한다"라는 그리스 현인 소크라테스의 말이 확실히 모든 사람에게 다 들어맞는 것은 아닌 것 같다. 그렇지만 "진리의 고요한 힘"(R. 과르디니)은 오늘날에도 여전히 작용하고 있다. 오늘날에도 여전히 참됨과 선함을 깨닫는다는 것이 자신들에게 고마운 지표가 되고 있는 사람들은 많이 있다. 파묻힌 입구가 트이고 그 본질과 가치가 또다시 잘 알려진다면 미사의 "유통가치"는 다시 한번 상승할 수 있으리라는 희망을 저자는 가지고 있다.

이를 위해 본서는 필요한 자료와 견해 및 동기를 전달하고자 한다. 비록 본서가 학문적으로 확고한 토대 위에 기초를 두고 있다고 하더라도 더 폭넓은 독자층을 고려하여 본서는 상세한 학문적인 연구 자료들을 포기하고 알기 쉬운 말과 표현으로써 성찬례 신앙의 심화에 기여할 뿐 아니라, 가정과 단체 안에서 이를 계속하고 교리 교수와 강론을 준비하는 데도 도움이 되고자 한다.

저자는 그 이상의 개혁을 제안하기를 의식적으로 포기한다. 제2차 바티칸 공의회의 결과로 발생한 수많은 변화 후 성찬례는 그 이상의 개선을, 그러니까 합법적인 토착화 의미에서 개선을 추구하기 전에, 먼저 가르치면서 조용히 묵상하여 뜻을 심화시킬 수 있는 단계를 필요로 한다.

이 책은 세 가지 기초 자료로써 시작한다. 그 첫째 자료는 성찬례 설립 사건 및 설립 원문에 관한 것이다. 둘째 자료는 가장 중요한 발전 과정이 짧게나마 제시된다. 역사를 알면 현재의 사정을 더 낫게 이해하게 되기 때문이다. 셋째 자료는 공의회와 공의회 후의 미사 전례 개혁과 그 근본 의도에 대해 알려준다.

이 책의 중심 부분은 미사의 구성 내용을 밝히 드러내어 각 개별 부분에 주의를 기울인다. 여기서 옛 상징 및 상징적인 행위의 의미와 그 풍부함을 현대인들에게 알려주고 그 소리를 들을 수 있게 하는 것은 종종 필요한 일이라고 생각된다. 특히 미사 전례의 신학적·영성적인 깊이를 측정하고 그리스도교적 삶과 맺는 관계를 밝히는 것은 가치가 있는 일이다. 왜냐하면 먼저 그리스도 신비로의 인도가 있음으로써 참다운 그리스도인이 된다는 것이 가능하기 때문이다.

중심 부분에 이어 몇 가지 특별미사 형태에 대해서 짧게 기술한다. 이 책의 마지막 단원은 오늘날 현실적 문제점인 "주일과 성찬례"를 다룬다.

이렇게 하여 본서는 「전례헌장」에서 밝히는 제2차 바티칸 공의회의 목표 설정을 뒷받침하고자 한다: "그리스도 신자들이 이 신앙의 신비에 마치 국외자나 묵묵한 방관자인 양 참여하지 않고, 예절과 기도를 통해서 이 신비를 잘 이해하고, 거룩한 행위에 의식적으로 경건하고 능동적으로 참여하도록, 또한 하느님의 말씀으로 육성되고, 주님의 성체의 식탁에서 보양되고 하느님께 감사하도록 거룩한 교회는 이에 모든 노력을 기울인다"(48항).

> 1991년 부활절에, 마인쯔에서
> 아돌프 아담

차 례

머릿글 ·· 5

I. 기초 자료

1. 설립 사건 — 설립 원문 ···························· 15
2. 역사적 발전 과정 ····································· 23
3. 제2차 바티칸 공의회를 통한 미사 전례 개혁 ············ 31

II. 미사 전례의 구조와 각개 부분

전체 구조와 개별 일람표 ······························ 35
〈개별 일람표〉 ·· 37

1. 시작 예식

입당성가 ··· 39
제대 친구와 분향 ······································· 42
십자성호 ··· 44
인사와 인도 ··· 46
참회 ··· 47
자비송 ·· 51

대영광송 ·· 52
본기도 ·· 57

2. 말씀 전례

미사 전례 안에서의 하느님 말씀 ···················· 61
새 독서 배열 ·· 65
첫째 독서와 화답송 ······································ 68
둘째 독서, 복음 환호송, 부속가 ···················· 70
복음 ·· 72
강론 ·· 75
신앙고백 ·· 79
보편 지향 기도 ·· 82

3. 성찬 전례

A. **예물 준비** ·· 88
   제대 준비 ·· 90
   예물 행렬 ·· 92
   빵과 포도주에 대한 감사기도 ···················· 94
   물 섞음 ·· 97
   그밖의 준비 예식 ······································ 99
   예물기도 ·· 100

B. **감사기도** ·· 103
   감사기도의 의미 ······································ 103
   교회의 제사로서의 성찬례 ························ 109

감사기도의 여러 양식 ························· 112
　　감사기도의 중요 요소 ························· 115
　　감사송 ··· 116
　　거룩하시도다 ····································· 119
　　축성 기원 ··· 122
　　성찬 제정 및 축성문 ························· 123
　　기념 환호 ··· 130
　　기념 ··· 131
　　봉헌기도 ·· 132
　　일치 기원 ··· 135
　　전구 ··· 136
　　마침 영광송 ······································· 142
C. **영성체 예식** ··· 144
　　주의 기도 ··· 145
　　부속기도 및 환호 ······························ 149
　　평화 예식 ··· 151
　　빵 나눔 ·· 154
　　섞음 예식 ··· 156
　　하느님의 어린양 ································ 158
　　준비기도와 초대문 ···························· 159
　　사제의 영성체 ··································· 160
　　신자들의 영성체 ································ 162
　　손으로냐 입으로냐? ·························· 163
　　신자들의 성혈 배령 ·························· 165

11

같은 날 두 번의 영성체 ·················· 167
성찬례 공심재 ························· 169
성체 분배 협조자 ······················ 171
성체 용기 닦음 ······················· 172
침묵 기도, 감사 노래, 영성체 후 기도 ············ 173

4. 마침 예식

사목적 훈화 ························· 175
강복 ····························· 175
파견 외침 ·························· 177
제대 친구와 퇴장 ······················ 178

III. 특별한 형식의 미사 전례

1. 아동 미사 ························ 183
2. 청소년 미사 ······················· 187
3. 소공동체 미사 ······················ 191

IV. 주일과 성찬례
195

인용 문헌 ·························· 199
옮긴이의 말 ························· 200

I

기초 자료

1. 설립 사건 — 설립 원문

수난 전날 저녁 예수께서는 제자들과 함께 잔칫상을 마련하신다. 최근 연구*에 의하면 아마도 이 잔칫상은 유대교의 파스카 축제 전의 파스카 식사와 동일한 것으로 여겨진다. 봄의 첫 만월 저녁에 지내는 이 축제는 지금까지도 열심한 유대인들의 삶에서 가장 중요한 의미를 가진다. 이 축제는 에집트로부터의 탈출 때와 홍해를 통한 놀라운 건너감 그리고 복된 땅에 들어설 때까지의 광야의 유랑생활 때 보여주신 하느님의 놀라운 손길과 그 역사하심을 상기시키는 기념 잔치인 것이다.

누룩 없는 빵과 과일 잼에 절인 쓴 나물 그리고 어린 양고기를 먹는 이 의식적인 식사 때, 순서에 따라 세 개 — 후기에는 네 개 — 의 포도주 잔을 축복하고 각자에게 마실 잔을 건네주었다. 식사 도중에 가장은 참석자 중 가장 어린 사람의 물음에 이스라엘의 해방 역사("하가다")를 이야기했다. 여기서 이 하느님의 구원 업적은 선조들에게 일으키신 역사적 사건으로서만 여겨져서는 안되며 구원 계약의 현재화로서도 식사 참석자들에게 선사되었다. 오늘날의 하가다 본문에서도 여전히 그렇게 표현하고 있다: "모든 시대에 각자는 마치 자기 자신이 에집트에서 탈출했던 것

---

* 최근 연구의 현황에 관한 상세한 한 개관은 *Meyer* 61-68에 있다.

으로 그렇게 여겨야 한다. … 우리 조상들을 거룩하신 분은 — 그분은 찬미받으소서 — 구원하셨을 뿐 아니라 우리 자신도 조상들과 함께 해방시키셨다."

이 틀 안에서 예수께서는 구원하시는 하느님과 본질이 같으신 아들로서 새로운 계약의 성체성사를 세우셨다. 신약성서는 네 군데에서 이 사건에 대해 보고한다. 근본적인 의미 이해를 위해서 이 네 가지 설정 본문을 원문 그대로 서로 나열시켜 본다.*

마태 26,26-28

"그리고 제자들이 먹고 있을 때에 예수께서 빵을 드시고 축복하신 다음 떼시어 제자들에게 주시며 말씀하셨다. '받아 먹으시오. 이는 내 몸입니다.' 또한 잔을 드시고 감사기도를 드리신 다음 그들에게 주시며 말씀하셨다. '모두 그것을 돌려 마시오. 정녕 이는 내 계약의 피로서 죄를 용서해 주려고 많은 사람을 위하여 쏟는 것입니다.'"

마르 14,22-24

"그리고 그들이 먹고 있을 때에 예수께서 빵을 드시고 축복하신 다음 떼시어 그들에게 주시며 말씀하셨다. '받으시오. 이는 내 몸입니다.' 또한 잔을 드시고 감사기도를 드리신 다음 그들에게 주시니 모두 그것을 돌려 마셨다. 이 때 예수께서 그들에게 말씀하셨다. '이는 내 계약의 피로서 많은 사람을 위하여 쏟는 것입니다.'"

---

* 본서에 나오는 성서 구절은 『200주년 신약성서』에 따른다 — 역자 주.

루가 22,19-20

"그리고 빵을 드시고 감사기도를 드리신 다음 떼시어 그들에게 주시며 말씀하셨다. '이는 여러분을 위하여 내어 주는 내 몸입니다. 여러분은 나를 기억하여 이를 행하시오.' 또한 만찬을 드신 후에 그와같이 잔을 드시고 말씀하셨다. '이 잔은 내 피로 맺는 새로운 계약, 여러분을 위하여 쏟는 것입니다.'"

1고린 11,23-26

"실상 나는 주님으로부터 전해 받은 것을 여러분에게 전해 주었습니다. 곧 주 예수께서는 당신이 잡히시던 날 밤에 빵을 드시고 감사기도를 드리신 다음 떼시며 말씀하셨습니다. '이는 여러분을 위하는 내 몸입니다. 여러분은 나를 기억하여 이를 행하시오.' 같은 모양으로 만찬 후에 잔을 드시고 '이 잔은 내 피로 맺는 새로운 계약입니다. 여러분은 마실 때마다 나를 기억하여 이를 행하시오' 하고 말씀하셨습니다. 그러므로 이 빵을 먹고 이 잔을 마실 때마다 여러분은 주님께서 오실 때까지 주님의 죽으심을 전하시오!"

요한 복음서는 비록 성찬례 설정에 대해서 보고하지는 않지만 그러나 예수님 자신이 하늘의 빵이신 그 빵의 의미와 약속에 대해서 보고한다. 그러므로 가장 중요한 문장들인 약속의 말씀도 마찬가지로 원문 그대로 제시한다:

요한 6,48-58

"'나는 생명의 빵입니다. 여러분의 조상들은 광야에서 만나를 먹고도 죽었습니다. 그러나 이것은 하늘에서 내려오는 빵이니 이것을 먹는 이는 죽지 않을 것입니다. 나는 하늘에서 내려온 살아 있는 빵입니다. 이 빵을 먹는 이는 영원히 살 것입니다. 그리고 내가 줄 빵은 곧 내 살로서 세상의 생명을 위해 주는 것입니다.'

그러자 유대인들이 서로 논란하며 말했다. '이 사람이 어떻게 자기 살을 우리에게 주어서 먹게 할 수 있단 말인가?' 예수께서 그들에게 말씀하셨다. '진실히 진실히 여러분에게 이릅니다. 만일 여러분이 인자의 살을 먹지 않고 또 그의 피를 마시지 않으면 여러분 안에 생명을 얻지 못합니다. 내 살을 먹고 내 피를 마시는 이는 영원한 생명을 얻고 나도 마지막 날에 그를 다시 살릴 것입니다. 사실 내 살은 참된 음식이요 내 피는 참된 음료입니다. 내 살을 먹고 내 피를 마시는 이는 내 안에 머물고 나도 그 사람 안에 머뭅니다. 살아 계신 아버지께서 나를 파견하셨고 또 내가 아버지로 말미암아 사는 것과 같이 나를 먹는 이도 또한 나로 말미암아 살 것입니다. 이것은 하늘에서 내려온 빵입니다. 조상들이 먹고 죽은 것과는 달리 이 빵을 먹는 이는 영원히 살 것입니다.'"

이 본문들을 곰곰이 생각해 보면 공통분모를 얻게 되는데 이는 다음과 같다:

마지막 만찬 때 예수께서는 제자들에게 빵과 포도주를 건네주시며 결정적인 뜻풀이 말씀을 하신다: "이는 내 몸이다" 그리고 "이는 내 피다". 이에 따르는 말씀들에서 이는 자신을 희생하신 몸이고 제사로서 흘리신 자신의 피라는 것이 분명해진다. "너희를 위해", "모든 이를 위해" 희생하시고 흘리신 것이다.

예수께서는 신중히 생각해서 빵과 포도주를 구원하는 희생제사의 몸과 피의 표지로 선택하신다. 왜냐하면 빵과 포도주는 살아가는 도구이자 힘과 즐거움을 선사하며 식사를 통하여 일치를 이루어주기 때문이다. 그러므로 이 자연적 식사 요소들은 이미 성찬례 식사가 무엇을 일으키는지를 예시한다: 생명 · 힘 · 기쁨 · 일치 등이다. 이 식사가 구원하시는 주님과 결합되고 하나되기 때문에 이것은 모든 것이다. 그리스도와 하나된다는 것은 아울러 성부의 뜻에 자신을 바치신 그분의 희생과 하나된다는 것을 의미한다. 이는 곧 인간의 구원을 위하여 사랑의 제사를 바치고 모든 것 안에서 하늘에 계신 아버지를 영광스럽게 하며, 인간에게 참 생명을 전하려는 그리스도 자신의 의도와 하나되는 것이다. 이 성찬례 음식을 받아 모시는 사람은 객관적으로 그리스도와 하나된다. 그 사람이 주관적으로도 실제로 사도 바울로와 더불어 "나는 살아 있지만 내가 아니라 그리스도께서 내 안에 살고 계십니다"(갈라 2,20)라고 말할 수 있는 것은 자신이 생각과 행동 안에서 그리스도와 그분의 말씀에 자리와 전개 가능성을 내어줌으로써 일생 동안 노력해야 한다.

성찬례 음식은 다른 사람들과의 일치에로도 이끌고자 한다. 무엇보다도 먼저 성찬례 음식을 통하여 그리스도와 결합된 사람들과의 일치를 이끌어 내려고 한다. 그리스도와 결합된 모든 사람들은 서로간에도 결합된다. 그러나 그것은 잔치 동료가 아닌 사람은 낯선 사람으로 남아 있거나 혹은 전혀 사랑 없이 만나는 사람이 되어서는 안된다는 것을 뜻한다. 그리스도와의 일치는 서로 간에 일치를 이룬다: "빵이 하나이니, 우리는 여럿이지만 한 몸입니다. 우리는 모두 하나의 빵을 나누기 때문입니다"(1고린 10,17).

두 군데의 설정 원문에서(루가 22,19; 1고린 11,24 이하) 당신의 몸과 피의 이 식사를 앞으로도, 그것도 당신을 "기념하여" 거행하라는 주님의 가르침이 나타난다. 그리스도교 공동체가 성찬례를 위해 모이는 곳에서는 항상 세상의 구원을 위하여 스스로 자신을 바치신 주님의 기억이 이루어지는 것이 아니라 오히려 그분의 생생한 현재가 이루어진다. 원시 공동체는 그것을 벌써부터 그렇게 이해했고 따랐다(참조: 1고린 10,16 이하: 11,26). 사람들은 자주 인류 역사 안에서 타인을 위해 자신을 희생했던 사람의 돌 기념비를 세웠다. 구원하시는 그리스도의 자기희생에 대한 기념비는 생명을 베푸는 식사이며 그곳은 언제나 되풀이해서 그분의 뿌리되는 말씀, 곧 "내가 온 것은 그들이 생명을 얻고 또 얻어 넘치게 하려는 것입니다"(요한 10,10)가 실현되는 곳이다. 이 성찬례 식사는 우리들의 삶의 정원 가운데 서 있는 새로운 낙원의 생명나무이다. 낙원의 생명나무는 따먹지 말아야 하고 심지어는 만지지도 말아야 한다고 되어 있다(참조: 창세 2,9; 3,3). 그러나 성찬례 생명나무 앞에는 어떠한 금지 팻말도 세워져 있지 않고, 오히려 약속과 초대가 있을 뿐이다: "내 살을 먹고 내 피를 마시는 이는 영원한 생명을 얻고 나도 마지막 날에 그를 다시 살릴 것입니다"(요한 6,54).

이 모든 것을 생각하는 사람에게는 미사의 잔치는 커다란 감사례(= 성찬례)가 된다. 일찍이 유대교의 파스카 식사가 창조와 이스라엘의 구원 역사 안에서 일으키신 하느님의 놀라운 업적에 대한 환호의 찬양이었다면, 마찬가지로 성찬례 잔치는 더 나아가서 그리고 첫째로 그리스도의 구원활동인 파스카 신비에 대해 감사한다. 이 감사는 과거와 현재를 바라볼 뿐만 아니라 그리스도께서 이 성사를 통하여 약속하신(요한 6,54 참조) 다가올 구원 완성에로도 방향지어져 있다.

그러므로 그리스도인은 성찬례 잔치 안에서 삼위일체이신 하느님으로부터 자신이 측량할 수 없는 방법으로 사랑받고 있음을 안다. 그는 이 사랑 안에서 현재와 미래를 위해, 자기 삶의 모든 내·외적 위협에 직면해서도 자신이 보호받고 있음을 안다.

2. 역사적 발전 과정

이 성찬례 잔치의 기본구조가 교회의 성장과 더불어 세계를 둘러싸는 신앙 공동체로 발전하면서 그리고 상이한 문화권에 스며들 때 그 본질적인 것을 보존하면서도 다른 특성들을 찾아내었다는 사실은 쉽게 이해가 된다. 상이한 역사 시기 안에서 변화하는 인간의 정신적 태도도 그 흔적을 남겨 놓았으며 시대와 결부된 강조점을 두었다. 이 발전 과정에 대해 상세히 기술하자면 두꺼운 책들이 가득 차게 될 것이다.*

본서에서는 그 중요한 발전 윤곽을 간략하게 그것도 문헌상 전거를 제시하지 않고 기술할 수밖에 없다. 여기서는 첫번째로 서방교회에서 주도적이 되었던 "로마 미사"Missa Romana의 형태를 중요시한다.

사도시대 공동체 안에서는 성찬례가 일반적으로 배불림의 식사(아가페)와 연결되어 있었다. 이 식사는 만연하는 남용(1고린 11,17-34 참조)뿐만 아니라 공동체 식구가 불어나기 때문에도 서서히 떨어져 나갔다. 이 배불림의 식사를 위한 많은 식탁들이 하나인 성찬례의 "거룩한 식탁"으로 인해서 분리되었다.

150년경 철학자이자 순교자인 안티오키아의 유스티누스는 처

---

* 그런 예: *Jungmann, Missarum; Meyer.*

음으로 로마와 다른 지역교회에서 성찬례가 어떻게 형성되었는지를 우리에게 보여준다. 여기서 우리는 고유한 성찬례에 앞서 보편 지향 기도가 딸린 말씀 전례가 선행되었다는 사실을 알게 된다:

> 해를 따라 이름지어진 날이면 도시나 시골에 사는 모든 사람들이 공동의 잔치에 모인다. 그러고는 사도들의 회상록이나 예언자들의 작품들이 시간이 허용되는 한 봉독된다. 독서자가 이 임무를 끝내면 주도자는 간곡한 권고나 이 좋은 가르침을 생활 속에서 따르자는 인사말을 한다. 그런 다음 우리 모두가 함께 일어서서 기도를 바친다. 이 기도가 끝나면 … 빵과 포도주 그리고 물이 바쳐지고 주도자는 감사기도처럼 같은 방법으로 가능하면 기도들을 많이 바친다. 백성들은 "아멘"이라고 말함으로써 그에 동의한다. 그런 다음 감사기도가 드려졌던 것의 나눔이 참석자 모두에게 베풀어지고 불참자들에게는 부제에 의해서 보내진다. 거기에 더 보태기를 원하는 넉넉한 사람들도 각자 자기가 원하는 대로 나누어 준다. 모여진 것들은 주도자에게 남겨져서 고아들이나 과부들에게 도움이 되도록 한다(유스티누스, 『호교론』 1권 67장).

내용상의 이해에 관한 한 유스티누스는 복음 안에서 전승된 사도들의 가르침을 뒷받침한다:

> 이 음식을 우리는 성체라고 부른다. 누구든지 우리의 가르침이 참되다고 믿고 그리스도의 계명을 따라 죄를 용서하고 생명의 재탄생으로 이끄는 세례욕에서 씻었던 사람이 아니면 이 음식의 한몫

을 가져서는 안된다. 왜냐하면 우리는 이 예물을 보통의 빵이나 보통의 음료처럼 즐기지 않기 때문이다. 왜냐하면 우리 구세주 예수 그리스도께서 신적 말씀을 통하여 육(肉)이 되셨던 것처럼 그리고 우리의 구원을 위하여 살과 피를 취하셨던 것처럼 우리의 가르침에 의하면 말씀께 향한 기도를 통해서 감사기도 아래서 축성된 음식은 그렇게 우리의 살과 피를 변화시키고 양육하기 위하여 이 예수의 살과 피가 되기 때문이다. 왜냐하면 사도들은 우리가 복음이라고 부르는, 그들에게서 기원하는 회상기 안에서 다음의 과업이 그들에게 주어졌다고 전했기 때문이다. 예수께서는 빵을 들고 감사 말씀을 하신 다음 "나를 기념하여 이를 행하라: 이는 나의 몸이다" 하고 말씀하셨다. 그리고 마찬가지로 잔을 들고 감사하신 다음 "이는 나의 피다" 하고 말씀하셨다(『호교론』 66장).

성찬례의 감사기도 원문을 우리는 로마의 사제 히뽈리뚜스가 225년경에 저술한 『사도 전승』이라는 작품에서 처음으로 만나게 된다. 『사도 전승』의 감사기도는 오늘날도 여전히 관례대로 감사송 전에 대화로 시작하고 주의 기도 앞의 마침 영광송으로 끝난다. 공의회 후 1969/70년에 나온 로마 미사경본이 순교자 시대의 감사기도라고도 일컬었던 이 본문을 약간의 변화와 적응으로써 감사기도 제2양식으로 받아들였다는 것은 미사 형태의 연속성을 대변한다. 보수 노선의 대표자로 자처하는 히뽈리뚜스는 이 본문이 단지 견본이라는 점과 각 개별 주도자는 원문 그 자체를 필요로 하진 않지만 본문의 기본선을 지켜야 한다고 분명하게 강조한다.

이에 후의 로마 전례도 그리스어로 씌어진 히뽈리뚜스의 본문을 글자 그대로 넘겨받지는 않았으며 오히려 변형시키고 확장시켰다. 특히 전례 언어가 그리스어에서 라틴어로 전이되는 4세기 경에는 더욱 그러했다. 로마 전례의 특별한 구성자로서는 교종 레오 1세(440~461), 젤라시오 1세(492~496) 그리고 그레고리오 1세(590~604)를 염두에 두어야 한다.

7세기에 와서 알프스 북쪽 지방에서는 로마 전례와 갈리아-프랑크 전례의 혼합 과정이 시작된다. 많은 갈리아-프랑크적 요소가 로마 전례 안으로, 특히 미사 전례 안으로도 유입된다. 이 전례는 그 중에서 특히 극적인 구성과 수많은 긴 기도와 예식들 그리고 주도자들의 많은 침묵 기도들을 선호한다. 8세기 말경에는 미사의 카논(감사기도)을 낮은 소리로만 말하기 시작한다. 미사 이해는 이제 "우의적 미사 해설"에 의해 결정된다. 모든 전례 세목 뒤에서 사람들은 자주 가공(加工)하고 사리에 맞지 않게 억지로 꾸몄던 유치한 의미를 본다. 중세기 사람들은 이상할 정도로 강한 부당함과 죄의식에 사로잡혀 있었다. 이것은 무엇보다도 수많은 그리고 장황한 죄 고백을 기도서에 도입시켰고 특히 미사 전례에 도입시켰다. 로마 미사 전례 안에서 이런 변형들이 10, 11세기에 이루어지게 된 것은 수많은 수사본이 로마로 들어옴으로써였다. 당시에 로마에서는 종교적·예술적 생활이 바닥에 도달해 있었고 그들 고유의 수사본이 크게 부족했던 것이다. 그렇게 하여 로마 전례는 한때 갈리아-프랑크적으로 각인되어 다시 로마로 되돌아와서 "로마 꾸리아 전례"로서 그곳으로부터 서방의 통일 전례로서 그 개선행렬을 시작한다. 이 전례 형태가 도처에 빠르게 전파

된 것은 무엇보다도 교종 그레고리오 7세(1073~1085)와 후에 프란치스코 수도회를 통해서였다.

고딕 시대에 와서 새로운 힘과 형태들이 전례 안으로 밀치고 들어온다. 이제까지는 전례가 그 본질에 상응하여 항상 공동체의 행위로 이해되어 거행되었다면, 이제는 개인주의적이고 주관주의적인 경향들이 나타난다. 이제 생겨나는 "완전한 미사경본"*은 독서자와 성가대, 심지어는 가끔 공동체 없이 사제 개인의 사적 미사를 가능하게 한다. 본당이나 수도원 미사 전례들도 성직자가 평신도의 어떠한 적극적 협력 없이 모든 것을 혼자서 다 하는 성직 전례가 되어간다. 평범한 신자들에게 미사는 알아들을 수 없는 라틴어를 낮은 소리로 말하는 감사기도와 그밖의 본문으로써 이중의 베일로 뒤덮여졌다. 그들의 주의注意는 이제 성변화 때 성체와 성작을 들어올리는 데 집중된다. 영성체는 놀랄 정도로 감소하여 제4차 라떼란 공의회(1215)는 적어도 1년에 한 번의 영성체를 규정해야만 했다. 성체에 대한 과도한 공경심은 성체를 더 이상 손으로 받아 모시지 않고 혀로 받아 모시는 데로 이끌었다. 성혈 배령은 폐지되었다. 전례적 행위에 대한 점증하는 오해는 유해 공경, 성지 순례, 신비극神祕劇과 모든 불행을 막기 위한 주보성인 공경과 같은 수많은 민중 신심 형태로 이끌었다.

트리엔트 개혁 공의회(1545~1563)도 전례의 유감스러운 상태에 심도 깊은 개혁을 관철시킬 수 없었다. 시간이 촉박했던 관계로 공의회는 교종께 전문가로 구성된 위원회의 도움으로 모든 전례

---

* 한 해 전체의 미사 본문이 담긴 미사 책 — 역자 주.

서적을 새로 발행하도록 위임했다. 그렇게 하여 무엇보다도 먼저 1568년에 로마 성무일도가 그리고 1570년에 로마 미사경본이 발행되었다. 1588년에 설립된 예절성성은 새로 정한 전례의 충실한 준수를 감독해야 했다. 그러나 트리엔트 공의회 이후의 전례는 "중세기의 계속으로 … 성직자의 특별한 전례로 … 남아 있었다. 언어는 예전과 같은 라틴어이며 강론을 제외하고는 하느님 백성을 약간 고려했을 뿐이다."* 백성은 "미사에 참례"하고, 그들의 참여는 듣고 보는 데에 한정되었다. 평범한 백성에게 미사 전례는 대부분 이해하지 못하는 신비로 남아 있었다.

바로크 시대에 와서 교회의 공적 전례는 점점 더 화려하게 거행된다. 수많은 바로크 성당들의 화려한 공간, 다성의 노래와 악기가 동원된 음악은 미사 전례를 하나의 "눈과 귀의 향연"으로 만든다. 강론은 대부분 미사 전에 행해졌으며 그럼으로써 말씀의 전례의 구조적인 틀에서 벗어났다. "중세기의 발전은 출발점을 되돌아보지도 않은 채 계속된다."**

계몽시대의 새로운 정신자세는 더 강력한 개혁지향으로 이끈다. 사람들은 이제 전례를 효용성에 더 역점을 두어 바라보고 전례의 공동체 성격을 강조하며 더 단순성과 "합리성"을 추구한다.

계몽시대와 마주하는 진자振子공이는 전례를 크게 염려하지 않는 19세기 초엽의 낭만주의다. 전례 안에서도 다시금 로마 및 중세 전성기와 더 밀접한 결속을 추구하는 바로 다음의 가톨릭 복구운동은 이와 전혀 다르다. 이 운동은 19세기 후반기에 지나치

---

* Jungmann, Weltkonzil 329f.   ** Jungmann, Erbe 118.

게 가톨릭 교회를 수놓고 그것을 넘어서 ― 신스콜라 철학, 중세기적 건축양식인 로마네스크와 고딕 양식의 모방, 기타 등등 ― 까지 광범위하다. 로마 전례 안에서 가톨릭 복구운동은 (부당하게도) 로마의 원형을 보며 그것을 하나의 본받아야 할 대상으로서 보호하여 신자들이 그로부터 감격케 하려 한다. 이 노력의 대표자는 프랑스 베네딕도회 수족인 솔렘의 수도원장 게랑즈(1805~1875)이다. 그는 특별히 로마 성가의 보호에도 힘썼다. 게랑즈와 그의 수도원으로부터 자극되어 다른 베네딕도회 수족들(보이론, 독일의 마리아 라흐, 벨기에의 몽 세자르 수도원)도 계속해서 전례의 연구와 촉진에 몰두한다.

20세기 전반기는 "전례운동"의 시작과 전성기를 체험한다. 그 단초로서 1903년 교종 비오 10세의 문헌에 눈을 돌릴 수 있다. 여기서는 신비에의 능동적 참여와 교회의 공개적이고 장엄한 기도가 요구된다. 커다란 감동을 안겨주었던 전례의 출발은 어떻게 미사를 거행하는가 하는 방법에서 드러난다. 마리아 라흐에서 처음으로 거행되었던 "낭송 미사"Missa recitata*에서 "공동체 미사", "벳싱 미사"Betsingmesse**, "성가대 미사" 등이 발전한다(Pius Parsch).

전례운동의 첫 10년간에는 기존의 트리엔트 전례에 신자들의 새로운 참여가 중요하게 여겨졌던 데 비해 20세기 중반에는 전례 자체가 개혁을 필요로 한다는 사실을 점점 강하게 인식하였다. 교종 비오 12세는 부활 성야 전례 개혁(1951) 그리고 성주간 전례

---

* 라틴어로 지내는 미사 ― 역자 주.
** 노래로 하는 "공동체 미사", 예를 들면 슈베르트, 하이든의 미사곡 ― 역자 주.

의 새 규범(1955)으로써 그 첫 발걸음을 시작하였다. 이 쇄신은 일반적으로 필요하고 의미 있으며 사목적으로 가치가 높은 것으로 환영받았다. 이렇게 하여 계속되는 개혁, 특히 미사 전례의 개혁을 위한 시간은 무르익었다.

3. 제2차 바티칸 공의회를 통한 미사 전례 개혁

1963년 12월 4일, 정확히 트리엔트 공의회의 마지막 회기가 끝난 지 만 400년 만에 「거룩한 전례에 관한 헌장」(=「전례헌장」)이 2,147표의 찬성과 단지 4표의 반대로 공의회 첫번째 문헌으로서 받아들여졌을 때 이것은 전례를 위해서뿐만 아니라 전체 교회의 삶을 위해서도 대단히 중요한 사건이었다. 여기서는 전례 전체와 관계되는 헌장의 다양한 정언定言들과 가르침들(제1장) 중에서 성찬례에 중요한 의미를 주는 부분만을 발췌한다:

"전례, 특히 감사의 제사에서 우리 구원사업이 수행된다"(2항).

"그런즉 전례는 당연히 예수 그리스도의 사제직의 수행으로 간주된다. 전례 안에서 인간의 성화는 감각할 수 있는 표징으로 드러나고, 그것은 각각 고유한 방법으로 실현되며, 또한 그리스도의 신비체, 즉 머리와 지체에 의하여 완전한 공식 흠숭이 수행되는 것이다. 그러므로 모든 전례의식은 사제이신 그리스도와 그의 몸인 성교회의 행위인 까닭에 가장 우월적인 거룩한 행위이며, 그 효과에 있어서 성교회의 다른 어떠한 행위도 이와 같은 자리 및 비중을 차지할 수는 없다"(7항).

"전례 특히 성찬례에서, 흡사 샘에서와 같이 우리에게 은총이 흐르고, 또한 여기서 성교회의 모든 활동의 목적인 성화와 하느님의 영광이 그리스도 안에 가장 효과적으로 실현되는 것이다"(10항).

"모든 신자들이 제반 전례의식에 깊은 이해를 가지고 능동적으로 완전히 참여하도록 지도되기를 원한다"(14항).

전례의 공동체 성격이 다급하게 강조된다(26항). "신자들의 참석 및 그 능동적 참여가 곁들여진 공동체적 거행이 개별적이고 거의 사적인 참례보다 낫다는 것을 강조해야 한다. 이것은 특히 미사성제에 해당된다"(27항).

신자들의 이해력을 고려하여 "예식은 기품있는 단순성을 지니며, 간결하고 일목요연하며, 불필요한 반복을 피해야 한다"(34항).

"성무 봉행에 있어 더 풍부하고 더 다양하고 더 적합한 성경의 봉독을 마련해야 한다"(35항).

"로마식 전례의 본질적 통일성을 보존하는 조건하에, 여러 단체, 지역, 민족 특히 포교 지방에 합법적 다양성과 적응의 길을 열어줄 것이니, 이는 전례서를 개정할 때에도 그러하다"(38항).

「전례헌장」 제2장은 "거룩한 성찬례의 신비"에 대해서 상세히 다루고 있다. 48항은 지침을 주고 있다: "그리스도 신자들이 이 신앙의 신비에 마치 국외자나 묵묵한 방관자인 양 참여하지 않고, 예절과 기도를 통해서 이 신비를 잘 이해하고 거룩한 행사에 의식적으로 경건하게 능동적으로 참여하도록, 또한 하느님의 말씀으로 육성되고 주의 성체의 식탁에서 보양되고 하느님께 감사하도록 성교회는 이에 모든 노력을 기울인다. 또 신자들은 피없는 제물을 사제의 손으로뿐 아니라 사제와 함께 재현하면서 자기 자신을 제헌하는 것을 배워야 한다."

이 목적을 위해 공의회는 미사통상문의 개정을 다음의 방향으로 이끌어가도록 요구한다: "각 부분의 고유한 뜻과 상호 연관성이 더 명백히 드러나고, 또한 신자들의 경건하고 능동적인 참여가 더 쉽게 이루어지도록 개정되어야 한다. 그러므로 의식은 그 본질에 저촉되지 않는 한 첨가된 것은 제거해야 한다. 그러나 어떤 시대에 배척을 받아 버려졌던 것이라도 합당하고 필요하다고 생각되면 교부들의 옛 규정을 따라 복구시켜야 한다"(50항).

이 지시에 발맞추어 로마 전례위원회는 먼저 미사경본의 변함없는 부분인 "미사통상문"을 작업했고, 최고 자리로부터의 약간의 수정이 가해진 후 1969년 4월 3일(성 목요일) 교종 바오로 6세의 사도헌장 "로마 미사경본" Missale Romanum을 통해 인준되었으며 효력을 가지게 되었다. 그런 다음 1년 후 전체 미사경본이 발행되었다. 미사경본 총지침과 전례력과 축일표에 관한 일반 지침이 맨 처음에 자리했다. 총지침은 과거와는 달리 전례 법규적인 지시뿐만 아니라 내용상의 설명도 담고 있다.

독일어권 지역을 위해 인준된 미사경본은 1975년에 나왔으며, 1976년 사순 제1주일부터 의무화되었다. 제단용은 두 권으로 발간되었다. 그밖에 "한 해의 모든 날을 위한 독일어 미사경본"이라는 제목을 가진 소발행본은 1975년에 나왔으며(1988년 제2판) 이 소발행본에서 본서는 인용한다.

II

미사 전례의 구조와
각개 부분

전체 구조와 개별 일람표

미사 전례의 구성은 미사경본 개정 작업을 통해서 더 선명하게 개관할 수 있게 되었다. "미사는 말씀 전례와 성찬 전례 두 부분으로 구성되어 있으며, 이 두 부분은 서로 긴밀히 결합되어 단 하나의 하느님 경배행위를 이룬다. 왜냐하면 미사에서 주님의 몸과 마찬가지로 하느님의 말씀의 식탁이 차려지며 이 식탁에서부터 가르침과 음식이 신자들에게 제공되기 때문이다. 덧붙여서 시작 예식(개회) 부분과 마침 예식(폐회) 부분이 첨가된다"(「미사경본 총지침」 8항). 이 두 부분은 이미 2세기 중엽의 순교자 유스티누스의 작품을 통해서 우리에게 알려져 있다(『호교론』 I, 67).

이 문헌에서의 정언定言들은 과거 사람들이 흔히 "전前미사" 또는 "예비미사"라고 칭했던 말씀 전례의 평가절상이 간직되었다는 점에서는 조금도 의심할 바 없다. 말씀 전례 부분을 빠뜨리는 것은 "가벼운 죄"라고 과거 윤리신학자들은 등급지었다. 왜냐하면 말씀 전례는 중요한 부분이 아니기 때문이라고 설명했다.* 그러기에 시간을 정확하게 지키는 것을 특별히 중요하게 여기지 않았다는 점은 그리 놀라운 일이 아니었다.

교회전례적 언어관용적 의미에서 미사 전체뿐 아니라 두번째 중심 부분도 성찬례(감사전례)라고 표현할 수 있다. 오해를 피하기 위해서는 이 두번째 중심 부분을 "좁은 의미에서의 성찬례"라고 표시해야 할 것이다.

다음 개별 일람표는 감사기도에서 특별히 제2·제3 감사기도를 참작했다. 로마 감사기도라고 표현하는 제1 감사기도(제1양식), 동방교회의 감사기도에 기원하는 제4 감사기도(제4양식)의 고유한 점들은 후에 언급될 것이다.

---

* 전에 널리 퍼져 있던 윤리신학 교과서에서 그렇게 설명했다: H. Noldin, *Summa Theologiae moralis*, Innsbruck ⁹1911, Bd. II, 278.

〈개별 일람표〉

전체 구조	의 미	각개 부분
1. 시작 예식 (개회 예식)	동의와 참회와 기도를 통한 준비	입당성가; 제대 친구와 분향; 십자성호; 인사와 인도(미사 안내); 참회; 자비송(기리에); 대영광송(글로리아); 본기도(모음기도)
2. 말씀 전례	하느님 말씀의 선포; 묵상과 공동체의 응답	제1독서와 화답송(응송); 제2독서; 복음 환호송(노래); (부속가); 복음과 강론; 신앙고백; 보편 지향 기도(일명 신자들의 기도)
3. 성찬 전례 (좁은 의미에서)	A. 예물 준비 빵과 포도주 위에 드리는 감사 기도(예물기도)	예물 행렬; 예물 준비 기도들; 분향; 손씻음; 예물기도
	B. 감사기도 하느님의 구원행위에 대한 감사; 예물의 변화; 십자가 제사의 현재화; 교회 자신의 제사 봉헌	감사송; 거룩하시도다; 축성 기원; 성찬 제정 및 축성문; 기념 환호; 기념; 봉헌기도; 일치 기원; 전구; 마침 영광송
	C. 영성체 예식 거룩한 식사 안에서 그리스도와 하나됨	주의 기도; 부속기도 Embolismus; 환호; 평화 예식; 빵 나눔; 섞음 예식, 하느님의 어린양; 영성체 전 기도; 영성체; 감사; 영성체 후 기도(성찬 후 기도)
4. 마침 예식 (폐회 예식)	강복과 파견	사목적 훈화(공지); 강복; 파견 외침; 제대 친구와 퇴장

1

시작 예식

입당성가

새로운 미사경본의 규정들은 미사 전례 시작 부분의 첫 마디에서부터 벌써 과거의 미사경본(트리엔트 공의회 후 비오 5세 미사경본)과 현격한 차이를 드러낸다. 과거의 비오 5세 미사경본(1570)은 오직 사제에 대해서만 언급한다. 즉, 사제는 제의실에서 어떻게 준비해야 하는가, 어떤 제의를 입어야 하며 제대로 걸어나갈 때 어떤 몸짓과 자세를 취해야 하나 하는 점(눈은 내리뜨고, 품위있는 걸음걸이와 몸을 바로 세워야 할 것)에 대해서만 언급하였다. 이에 비해 새 미사경본에서의 입당 때 첫 마디들은 "교우들이 모이면 사제와 특별한 임무를 수행하는 사람들이 입장할 때 입당노래를 시작한다"(「총지침」 25항).

여기서 벌써 모인 공동체에 특별한 품위가 주어진다는 점이 명백히 드러난다. 예수의 이름으로 모이면 "둘이나 셋이 내 이름으로 모여 있는 거기 그들 가운데 나도 있습니다"(마태 18,20) 하신 주님의 약속이 모인 공동체에 적용된다. 신비로운 그리스도의 몸으로서, 또한 하늘의 포도나무인 그리스도의 포도나무 가지로서의 공동체는 주님 앞에 서서 그분께 봉사하도록 불리어졌다. 성찬례에 대해서 다루고 있는 초대교회 문헌 중의 하나인 『디다케』 Didache(열두 사도의 가르침)에서 벌써 이 모임을 구원된 교회의 표상으로 보고 수많은 밀알, 빵이 된 밀알로 상징한다: "이 빵조각이 산들 위에 흩어졌다가 모여 하나가 된 것처럼 당신 교회도 땅 끝들에 서부터 당신 나라로 모여들게 하소서"(9.4). 그러므로 옛 동방교회는 성찬례에 "Synaxis", 곧 "집회" 또는 "모임"이란 이름을 지녔던 것은 이해할 만하다.

성찬례에 모이는 많은 사람들의 계층이 얼마나 다양한지; 그들은 다양한 연령층과 생활상태에서 모인다. 어린이 · 젊은이 · 성인 · 노인 계층 그리고 남자 · 여자들로 이루어진다. 또한 그들은 각양각색의 사회 계층과 직업층을 이루고 있다. 가난한 자나 부자로서 또는 기쁜 확신을 가진 사람으로서거나 실망과 고통으로 짓눌린 사람으로서 온다. 또한 그들은 자신의 고유한 특성과 연약함을 가지고, 삶의 벼랑에서 또는 아마도 좌절과 죄에 짓눌린 상태에서도 모인다. 그렇지만 전례의 참석자 모두는 다른 사람 안에서 형제 자매를 보아야 하며 많은 사람들이 다른 많은 사람들을 괴롭히는 곳에서도 그들을 받아들여야 한다. 어느 그리스도인도 이교도 시인 호라시우스처럼 "나는 야비한 천민을 증오하고 멀리한다"고 말해서는 안된다.

하느님은 전례 공동체가 아직 완성된 상태에 있지 않더라도 인간을 당신의 새로운 백성의 지체로서 원하시고 구원하신다. 미사 전례도 이 점을 알고 있기에 개회식에서 이 거룩한 잔치를 위해 마음을 모으도록 시도한다.

모인 이 공동체는 자신의 불완전성에도 불구하고 신앙과 그 강함의 표지가 된다. 공동체는 공동의 기도와 노래 안에서 성령을 통하여 그리스도 안에서 자신에게 구원을 선사하신 삼위일체의 하느님을 찬양한다. 공동체는 구원된 사람들이 이루는 순례 공동체가 된다.

사제와 봉사자들의 입당은 축제의 등급에 따라 여러 가지 다른 양식을 가진다. 성당의 건물구조상으로 보아 여건이 허락한다면 제의실 — 아마도 제대 옆에 위치한 — 에서 가까운 제대로 가는 짧은 입당 행렬에 만족하지 말고 대신 입구 중앙 통로 길을 선택해야 한다. 초세기 로마의 바실리카 양식 성당에서는 제의실이 입구 중앙 통로 옆에 위치해 있었기에 그렇게 거행했었다.

입당할 때의 **순서**에 대해서는 「미사경본 총지침」 82항에서 아래와 같이 규정하고 있다:

a) 향을 사용하는 경우에는 맨 앞에 향 연기를 뿜는 향을 든 복사가 선다.
b) 보통으로 초를 사용한다면 초복사가 그 뒤에 자리하고 경우에 따라서는 십자가를 든 복사가 향복사와 초복사 사이에 자리한다.
c) 독서자와 그밖의 봉사자들(본복사).
d) (부제가 없는 경우에는) 복음서를 들 수 있는 독서자가 자리한다(비교: 「미사경본」 323).
e) 마지막에 미사를 주도하는 사제가 따른다. 공동 집전자들은 주도 사제에 앞서 간다(「미사경본 총지침」 162항). 향을 사용할 경우에는 주도 사제는 입당 전에 향을 향합에 넣는다.

행렬자들이 제대 앞에 이르면 깊은 절을 한다(「총지침」 84항). 그러나 제대 가까이에 성체를 모시는 감실이 자리한다면 장궤한다.* 십자가는 제대 가까이에 세워놓고 복음서는 제대 위에 놓는다. 촛대는 십자가 가까이나 또는 제대 또는 주수상 위에 놓는다(「총지침」 84항).

입당 때 보통으로 노래(입당성가)가 불리어진다. "이 노래의 목적은 미사를 시작하며 모든 참석자들의 결속을 심화시키고 참석자들을 전례시기나 축제의 신비에로 인도하는 데 있다. 이는 신자들로 하여금 사제와 특별한 임무를 수행하는 봉사자들의 입당에 동참시킨다"(「총지침」 25항). 미사 본문을 살펴보면 "입당송"Antiphona ad introitum이 미사경본에 제공되어 있다. 성가대가 이 구절을 시작과 마침 때 노래하고 선창자가 그에 알맞은 시편을, 그리고 공동체는 해당되는 후렴을 노래한다면 더 장엄한 입당 방법이 될 것이다. 단순한 형태는 공동체가 축제나 전례시기에 적합한 성가를 부르는 것이다. 그러나 어떠한 경우에도 공동체가 꿀 먹은 벙어리가 되어서는 안된다.

제대 친구와 분향

사제는 제대로 나아가서 제대에 친구한다.** 그리스도교에서 제대는 십자가에서 못박히시고 들어올려지신 주님이신 그리스도를 상징하며 주님은 이 식탁에 현존하시면서 신자들에게 음식과 음료로서의 자신을 나누어 주신다. 그러므로 제대 친구는 대사제요

---

* 한국 주교단은 장궤 대신에 깊은 절로 예를 표하도록 결정했다 ― 역자 주.
** 한국 교회에서는 깊은 절을 한다 ― 역자 주.

잔치의 주인이신 그리스도께 드리는 인사人事이자 공경의 예禮인 것이다. 사제는 이 예를 전 공동체를 대표해서 행하며 공동체는 내적으로 사제의 이 예에 함께 동참해야 한다.

축일에는 사제가 제대에 분향도 할 수 있다. 많은 이들은 그리스도 이전 시대로 소급하는 이런 의식을 구시대의 잔재로 여기거나 의미없는 것으로 치부할 수 있다. 여러 가지 수액樹液을 응고시킨 재료를 혼합시켜 만든 향의 사용은 벌써 구약의 성전 경신례와 고대 이교문화에 알려져 있었다.

초세기 그리스도인들은 이교 신상 앞에서 향을 피우는 것은 제사로 보았기에 분향하는 것을 거부했다. 그러나 콘스탄틴 대제 시대에 분향은 동방에서 유입되어 그리스도교 전례에 자리잡았다(390년경, 「에테리아 여행기」 24,10). 그리스도교 전례에서 사람들은 분향을 시편 141,2("저의 기도는 당신 면전에 분향으로, 저의 손을 들어올림은 저녁제물로 여겨질지어다")의 의미로 보아 기도의 상징과 하느님과 이웃을 향해 자신을 태워버리는 사랑으로 이해했다. 동시에 분향은 교회가 드리는 공경과 전구하는 기도의 표지로 여겼다. 이렇게 하여 제대와 복음서, 십자가와 성화, 그리고 전례의 주도자와 공동체에게도 분향이 베풀어진다. 만일 사람들이 분향을 하느님께 드리는 제물이나 물적 제사로 간주한다면 그것은 잘못일 것이다. 그렇지만 분향이 뜻하는 여러 가지 상징력을 아는 사람이라면 분향을 "말없는 설교"로 인정할 수 있을 것이다.

제대 분향을 위한 한 가지 특별한 형태가 발달했다. 즉, 사제는 향로를 들고 제대 주위를 돌면서 제대 위에 있는 십자가 또는 제대 뒤에 있는 십자가에 특별히 분향하는 형태가 그것이다.

십자성호

제대에 공경의 예를 표하고 분향한 후 사제는 "사제석"으로 간다. 이 사제석에서 주도자는 시작 예식을 계속하고 말씀 전례와 마침 예식을 이끈다(「총지침」 86항). 사제석의 장소와 형태는 전례의 인도자 역할을 분명히 드러내 주어야 한다. 어떠한 경우라도 왕좌의 형태를 띠어서는 안된다(「총지침」 271항: "주례자의 좌석은 집회의 사회 직무와 기도를 인도하는 직무를 나타낼 수 있을 만한 자리라야 한다. … 그러나 왕좌와 같은 모양은 피해야 한다. …"). 왜냐하면 교회의 교역자는 통치자가 아니라 공동체를 위한 봉사자이기 때문이다.

먼저 사제는 십자성호를 크게 그으면서 "성부와 성자와 성령의 이름으로"라고 말한다. 이 말 안에는 이중의 고백이 담겨 있다. 곧, 그리스도의 십자가 안에서만이 우리의 구원이 자리한다는 점이다. "이분말고 다른 어느 누구에게도 구원받을 수 없습니다. 사실 사람들에게 주어진 (이름들 가운데) 우리가 의지하여 구원받아야 할 또 다른 이름은 하늘 아래 없습니다"(사도 4,12). 그렇지만 구원하시는 그리스도의 십자가상 죽음은 성찬례 안에서 그 성사적 현존을 찾아야 한다. 성호를 그으면서 하는 말은 우리 구원의 원천이자 목적이신 삼위일체의 하느님께 대한 신앙고백인 것이다.

동시에 삼위일체이신 하느님의 이름으로 하는 십자성호는 세례를 상기시키는 형태이다. 우리는 그분의 이름으로 세례의 물로 새로 태어났고 하느님의 백성으로 입적되었다. 우리는 구원하시는 주님의 파스카 신비에로 잠겨졌다: "그리스도 예수와 하나가

되는 세례를 받은 우리는 누구나 다 그분의 죽음과 하나가 되는 세례를 받았다는 사실을 여러분은 모르십니까? 과연 우리는 그 죽음 안으로 이끄는 세례를 통하여 그분과 함께 묻혔습니다. 그것은 그리스도께서 아버지의 영광으로 말미암아 죽은 자들 가운데서 일으켜지신 것과 같이 우리 또한 새로운 생명 안에서 거닐 수 있기 위함입니다"(로마 6,3-4). 이러한 의미로 신자들도 개회 십자성호를 그으며 큰 소리로 "아멘"이라는 응답으로 사제의 말을 뒷받침한다.

  습관적으로 행하는 행위는 외적으로는 형태의 아름다움을, 내적으로는 힘과 깊이를 잃어버리게 하는 위험에 빠질 수 있기에 이에 대한 로마노 과르디니의 곱씹어 볼 만한 말을 상기함이 좋을 듯하다: "십자가의 표시인 성호를 그을 바에야 제대로 옳게 긋자. 그저 아무렇게나 서둘러 남이 보아도 무언지 알아볼 수조차 없이 해서야 쓰겠는가. 아니다. 올바른 십자성호를 긋도록 하자. 천천히, 크게, 이마에서 가슴으로, 이 어깨에서 저 어깨로, 이렇게 하다 보면 온몸이 십자가의 표시와 하나가 됨을 느끼게 된다. 이마에서 가슴으로 그리고 다시 어깨에서 어깨로 그어나가는 성호에 모든 생각과 정성을 쏟으면 십자성호가 몸과 마음을 감싸주면서 나를 거두고 축복하고 거룩하게 함을 절로 느끼게 된다. 왜 그럴까? 그것은 십자가의 표시가 우주의 표시이고 구원의 표시인 까닭이다."*

---

* 로마노 과르디니, 『거룩한 표징』, 분도출판사, 1976, 13쪽 — 역자 주.

인사와 인도

십자성호를 긋고 난 후 사제는 모인 공동체에게 인사한다. 「총지침」(28항)은 이 인사가 중요한 신비와 결합되어 있음을 일러준다: "사제는 이 집회에 주님이 함께 계심을 인사로써 표시한다. 이 인사와 공동체의 응답으로써 교회 집회의 신비를 드러낸다." 이같은 의미부여와 함께 미사경본은 개인적이면서도 따스한 인사말을 배제시키려 하지 않는다. 사제가 조금 긴 시간을 소요하지 않는다면 전례 시작 때 모인 공동체와 자신과의 결속감을 드러내고 자기의 좋은 원의를 표현하고 싶은 시간은 중요하다고 보여진다.

물론 이 인사가 온갖 세상사를 언급하거나 우스갯소리로 표현되어서는 안된다. 전례의 참석자들 가운데서는 적지않은 사람들이 온갖 걱정과 고통 또는 슬픔을 안고 자신들의 운명에 위로와 힘을 찾고자 왔다고 느낀다. 그러므로 일정한 거리와 객관성은 지키도록 요구된다.

미사경본에 나오는 공식적인 인사문들이 그러한 경우다. 여기서는 개인적인 온정의 말은 아주 간략하게라도 언급되어 있지 않다. 라틴어본은 세 가지 다른 양식을 선택하도록 준비한 데 비해 독일어판 미사경본에서는 적지않은 여덟 가지 양식들을 제시하고 있다. 모두가 다 성서의 말씀들이거나 또는 성서에서 영감을 얻어 공동체가 대응인사로서 "또한 사제와 함께"라고 응답할 수 있게끔 구성했다.

인사말을 할 때는 두 팔을 벌리는데, 이는 포옹하는 행위를 상징적으로 드러내는 몸짓이다.

인사에 이어 그날 미사 전례의 주제를 알려주는 짧은 인도가 따라올 수 있다(「총지침」 29항). 이는 부제나 또는 그 임무를 담당하는 사람에 의해서도 행해질 수도 있다(주도자의 임무이므로 가능한 한 사제 자신이 하는 것이 바람직하다). 이 인도 부분에서는 해당하는 축일에 대한 간략한 공감 형성이나 혹은 그날 미사의 특성에 대한 언급, 또는 특별한 지향이 말해진다. 많은 경우에 입당송이 이 부분을 위한 도움이 될 수 있다. 그날 봉독되는 성서 독서들에 대한 설명을 인도에서 한다면 아직 이른 감이 있다. 인도하는 말들이 첫 설교가 되는 것처럼 늘려서는 안된다. 짧을수록 좋다.

참 회

미사 전례의 시작 예식들 가운데는 참회 예식, 곧 죄를 뉘우치는 고백과 용서를 간청하는 행위도 속해 있다. 구약성서에서 하느님과의 만남(Theophania)에 대해 언급되면 당사자들 앞에 드러난 하느님의 현존은 곧 자신들의 부당함과 죄의식을 불러일으킨다. 그들은 엎드려 자신의 얼굴을 가린다. 마찬가지로 신약성서에서도 우리는 자신을 드러내보이시는 하느님 면전에서 부당함을 고백하는 장면을 여러 번 접한다. 거룩하신 하느님께 점차 가까이 나아가는 사람은 누구나 교만한 마음으로 나 스스로 의인이라는 생각으로 그 앞에 나아가서는 결코 안된다. 그리스도인도 자신이 얼마나 이상과 멀리 떨어져 있는가를 알아야 한다: "우리가 죄 없다고 말한다면 우리 자신을 속이는 것이며 우리 안에는 진리가 없습니다. 우리가 우리의 죄를 고백한다면 그분은 진실하시고 의로우시니 우리의 죄를 용서하시고 온갖 불의에서 우리를 깨끗하게 해주실 것입니다"(1요한 1,8-9). 그러므로 신앙인들이 거룩한 미사 전례 시작 때 자신의 잘못들을 알아내어 잘못과 죄를 고백하고 용서를 간청하는 것은 의미가 있으며 또한 필요하다.

과거의 층하경의 한 부분이었던 고죄경Confiteor 대신에 새로 개정한 미사경본 통상문은 참회 예식의 세 가지 선택 가능 양식들을 제공한다. 이 양식들은 죄를 고백하도록 이끄는 초대문으로 시작하고 그런 다음 잠시 마음을 모을 수 있는 침묵의 시간이 따라오며 사제의 용서의 간청으로 끝냇는다. 이 초대문은 자유롭게 꾸밀 수 있다.

참회 예식의 첫째 양식은 과거의 고죄경과 닮은 공동고백으로 이루어져 있다. 우리는 "전능하신 하느님"께뿐만 아니라 "형제들"에게도 우리의 죄를 고백한다. 여기서는 우리의 거절이나 실천하지 않는 것에 대한 사회적 차원이 분명해진다. 그것은 우리가 이웃에게 부당하게 한 많은 과오와 사랑을 거스른 것뿐 아니라 그리스도의 지체에게 해를 끼치고 타인이 노력해서 이룩해 놓은 것을 파괴하는 데에서도 나타난다. 이 고백의 기도 — 새로운 양식의 고죄경 — 는 그 길이가 짧아졌음에도 불구하고 선행의 소홀에 대한 고백으로 인하여 내용적으로 풍요로워졌다. 그리스도인 중에는 자신의 죄를 인식하고 그 죄를 고백하는 것을 힘들어하는 이들이 적지않다. 예를 들면 고해성사 때 이 점이 잘 드러난다: "무엇을 고해해야 할지 저는 잘 모르겠습니다. 도둑질하지도 않았고 그렇다고 살인하지도 않았으며, 아내와 남편 외 다른 사람과 부정한 짓을 하지 않았으며, 주일 미사를 궐하지도 않았습니다"와 같은 말을 쉽게 들을 수 있다. 이에 대해 새로운 고백의 기도는 사람이 무엇보다도 선善을 행하지 않음으로써도 죄를 지을 수 있다고 우리의 시야를 넓혀준다. 다시 말하면 우리가 자비로운 행위를 소홀히했기 때문만이 아니라 신약성서의 의미에서 본 이 세상에서의 소금과 빛 그리고 우리의 형제 자매들을 위한 척도와 받침이 되지 못했다는 데 우리의 잘못이 있는 것이다. 아래의 시詩는 이같은 의미를 잘 표현하고 있다:

> 믿어라, 당신과 더불어 가는 사람들이
> 당신을 필요로 한다는 것을.
> 그들은 당신의 선함과 이해심, 순수하고
> 바른 뜻을, 재빠른 판단을 떠나서
> 충실함을 알고 진리를 말하는
> 당신을 필요로 한다는 것을.
> 그들은 당신의 모습 안에서 순수함을
> 당신의 말에서 투명한 위력을.
> 그들에게 주로 결여되어 있는 것은 이것이라네
> 그들은 영원한 빛에 대한 당신의 지식을
> 필요로 한다는 것을. *(Maria Nels)*

이런 요구를 고려하면 우리의 인생은 선행의 소홀이나 불이행의 고리로 엮어져 있으며 우리 모두는 실제로 그리고 진정으로 그러한 죄 고백을 함께 읊조릴 수 있어야 하고 읊조려야 한다.

고백의 기도는 복되신 동정녀 마리아와 모든 천사와 성인 성녀와 형제 자매들이 나를 위하여 우리 주님이신 하느님께 전구해 주시기를 간청하는 기도로 끝맺는다. 서로들 앞에서 하는 이 고백과 서로를 위해 바치는 전구는 야고보서의 가르침에 부합된다: "그러므로 서로 죄를 고백하고 서로를 위해 기도하여 치유를 받게 하시오. 의인의 힘찬 기도는 큰 일을 해낼 수 있습니다"(야고 5,16).

참회 예식 둘째 양식은 사제와 공동체가 서로 화답하는 짧은 교송으로 이루어져 있다. 셋째 양식은 (다음 항목에서 따로 상세히 언급될) 자비송(기리에)을 결부시킨 세 번에 걸친 그리스도께 드리는 환호나 탄원으로 이루어져 있다. 여기서 그리스도를 부르는 환호나 탄원의 설명어는 자유롭게 구성할 수 있다. 이 양식에서는 이어지는 별도의 자비송은 생략된다.

참회 예식의 모든 양식들에서 사제를 통한 공동의 용서의 간청은 결코 과소평가되어서는 안된다: "비록 용서의 간청들이 의무적으로 고해해야 하는 죄를 사하는 사죄경의 말이 아니라 하더라도 회개하는 죄인을 위해서는 신학적·성사적 의미가 있다는 것은 조금도 의심의 여지가 없다"(Emminghaus 176).

미사 전례에서의 본기도(모음기도)가 그러한 간청을 담고 있을 때는 이 용서의 간청은 생략될 수 있다. 특별히 ㉮,㉯ 두 양식(1·2양식)에서는 참회 예식 전체가 참회 노래로 대체될 수 있다. 만약 미사에 앞서 선행하는 성체거동 행렬과 같은 다른 전례적 거행이나 또는 "특별한 전례가 따라 올 때에는" (예를 들면, 혼인 예식, 미사중의 세례식) 참회 예식 전체를 생략할 수 있다(「미사경본」 329쪽).

주일에는 참회 예식 대신에 이미 받은 세례를 상기시키는 의미에서 성수를 공동체에 뿌리는 성수 예식을 거행할 수 있다. 이 예식은 지난 세기까지 믿은 이들 사이에서 가장 친근하고 즐겨한 주일 미사 시작 예식의 한 부분이었다(「미사경본」 1207쪽 이하). 사제는 먼저 생명과 정화의 표지인 물, 그러나 또한 이미 우리가 받은 세례를 상기시켜 주는 물에 축복기도를 바친다. 물 축복 때 소금을 첨가하는 지역 풍습이 있는 곳이거나 또는 그러한 고정된 전통을 지키는 곳에서는 사제가 소금을 축복하고 성수에 뿌려 넣는다. 그후에 성수로써 먼저 사제 자신에게 표를 하고 이어서 신자들에게 성수를 뿌린다. 그동안 교송이나 그에 적합한 노래를 부른다. 이 교송은 "Asperges me"(나에게 뿌리소서)라고 시작한다. 그러므로 예로부터 사람들은 이 예식을 Asperges 예절로 불러왔다. 이 예식은 죄를 정화시켜 주시기를 간청하는 기도와 이어지는 미사성제를 통한 구원을 간청하는 기도로 끝맺는다.

자 비 송

이어지는 자비송(Kyrie, eleison (주님, 자비를 베푸소서))은 옛 전구 호칭기도의 잔재로서 마치 오늘날 말씀 전례 마지막을 장식하는 보편 지향 기도와 같다. 그 첫 말마디(Kyrie)는 이미 사도 바울로가 자주 신적 통치자(Kyrios)로 이름 부르듯이 그리스도를 찬송하는 환호이다. 이미 고대 이교문화 시대에 이 호칭은 신들이나 숭배하는 통치자를 신(神)으로서 찬송하는 환호였다. 그리스도교 박해 시대인

초세기에 그리스도인들에게 신인 황제에게 분향하도록 강요했다는 사실을 우리가 생각하면 이 자비송이 그 당시 참된 신이신 그리스도께 향하는 자각된 고백이었음을 쉽게 이해할 수 있다.

자비송의 둘째 말마디(eleison)는 하느님의 자비를 간청하는 외침이다. 일찍이 소경과 절름발이, 나병환자와 죄인들이 주께서 불쌍히 여겨 주시도록 간청했고 주님은 당신이 자비심이 많은 통치자이심을 드러내보이셨듯이, 그렇게 오늘날 우리들도 많은 육체적·정신적 고통 가운데서 왕이신 그리스도께 전적으로 신뢰하면서 그분의 자비를 호소한다. 사람들은 여기서 우선 자신의 어려운 처지를 생각하고 주님의 자비를 간구할 수 있다. 그렇지만 교회로서의 우리는 또한 온 세상의 가난하고 소외당한 사람들과 연대감을 가져야 한다는 점도 생각해야 한다. 그런 수백만의 고통과 수억이 넘는 사람들의 위협받는 구원을 고려하면 이 자비송은 마땅히 온 세상을 위한 교회의 대림기도로 표현할 수 있다.

미사경본은 통상적으로 공동체가 자비송에 함께 참여하는 데 뜻이 있다고 가르친다(「총지침」 30항). 자비송은 일반적으로 각각(Kyrie – Christe – Kyrie) 두 번씩 노래한다. 노래로 하는 자비송은 입당성가로 활용할 수 있다.

대영광송

「미사경본 총지침」은 대영광송Gloria을 성령 안에 모인 교회가 성부와 어린양에게 영광을 드리며 간구하는 "가장 오래된 찬미가"라고 부른다(「총지침」 31항). 오늘날의 연구에 의하면 대영광송은 양식에 있어서는 시편 형태로 지어지고 신약성서의 찬가들을 계속 발전시키는 초세기 그리스도교 찬미가 부류에 속한다. 비잔틴 교회에서는 대영광송이 이미 일찍부터 아침기도의 구성 요소가 되어 있었던 데 비해 서방에서는 미사 전례 시작에 자리했다. 그것도 우선적으로는 특별히 축일에만 자리했다. 1970년에 새로 개정한 미사경본에 의하면 대영광송은 "대림시기와 사순시기를 제외한 모든 주일, 대축일, 축일과 특별한 축제 때에 노래하든지 읽는다"(「총지침」 31항).

그 구성을 살펴보면 천사의 노래, 하느님 찬양, 그리스도께 드리는 찬송의 세 부분으로 이루어져 있음을 쉽게 짐작할 수 있다.

루가 복음사가가 베들레헴 들판에서의 천사의 노래로 기술한 바는(루가 2,13-14) 찬미가 전체를 주도하는 악구樂句처럼 자리한다. 귀에 익은 독일어 번역과는 달리 그리스어 원문에서는 소망문 형태가 아니라 직설법 형태가 자리한다: "하늘 높은 데서는 하느님께 영광." 이 하느님의 영광과 영예는 삼위일체이신 하느님의 구원의지로서 특별히 성자의 강생 안에서 빛난다. 예수는 자신의 지상 삶에서 도저히 비교할 수 없는 뛰어난 방법으로 "성부의 영광"Gloria Patris이 되셨는데, 이는 마치 우리가 감사기도의 마지막 부분인 마침 영광송doxologia에서 고백하는 것과도 같다.

이 구원의지의 열매는 "땅에서는 주님께서 사랑하시는 사람들에게 평화"이다. 여기서 "평화"라는 단어는 히브리적 샬롬Schalom의 의미로 이해해야 한다. 곧, 신약성서상의 모든 구원의 은혜에 대한 총체 개념으로서, 개별 인간에 있어 영과 육의 총체적 평안으로서, 그러나 또한 인간과 하느님, 그리고 사람들 사이에서의 완전한 조화로서의 평화 개념인 것이다. 아무튼 천사의 찬송은 마치 전체 기쁜 소식(복음)의 단축 형식과 같다.

이어지는 하느님 찬양은 경탄하고 감사하는 마음에서 저절로 용솟음치며 마치 바다의 파도가 겹쳐 이는 것과 같다: "주님을 기리나이다. 찬미하나이다. 주님을 흠숭하나이다. 찬양하나이다." 이 흘러넘치는 찬양의 동기는 "주님 영광 크시오니"에서 다시 한번 명백히 말해진다. 그리스도인의 기도는 간청기도만이 아니라는 점이 여기서 분명해진다. 만일 누가 물이 자기 목에까지 차오를 때 그때문에 해를 입지 않도록 보호해 주십사고 기도한다면, 그는 아직 그리스도교 신심의 초보 단계에 머물고 있을 뿐이다. 찬미기도는 그리스도인에게 있어서 하나의 존재론적 당위성이자 삶의 과업이다. 교회는 시간기도(성무일도) 안에서 끊이지 않고 주님께 찬미를 드리며 이를 통하여 인간이 되신 하느님의 아들이 이 세상에 가져오시고 천상의 궁전에서 영원히 읊어지고 있는 찬미가를 계속한다(「전례헌장」 83항 참조).

이 찬송 끝부분에서 찬미가는 다시 한번 하느님께로 향하면서 그분을 경외하는 가운데 "주 하느님, 하늘의 임금님, 전능하신 아버지 하느님"Domine Deus, Rex caelestis, Deus Pater omnipotens이라고 부른다. 이 경칭들은 마찬가지로 예수 그리스도께로 옮겨진다. 그분은 진정코 "하느님으로부터 나신 하느님이시요, 빛으로부터 나신 빛"으로서 아버지의 영광에 참여하신다. 전승된 많은 옛 문헌에서는 이 자리에 성령이 언급되며, 뒤이어 "아멘"이라는 응답이 따라온다. 이를 통해서 찬가의 한 소절이 여기서 끝나고 다른 새로운 소절이 시작된다는 점을 분명하게 추론해 낼 수 있다.

이 새로운 소절은 그리스도를 찬양하는 내용을 담고 있다. 이 소절은 구세주께 향하는 여러 개의 존귀한 칭호로 시작한다: "주 하느님, 성부의 아드님, 하느님의 어린양" Domine Deus, Filius Patris, Agnus Dei. 이 각각의 칭호는 마치 그리스도 신앙의 단축양식과 같다. 그분에 대한 신뢰는 짧은 간청 기도문으로 이끈다: "세상의 죄를 없애시는 주님, 저희의 기도를 들어 주소서. 성부 오른편에 앉아 계신 주님, 저희에게 자비를 베푸소서." 종결 찬양인 "예수 그리스도님, 당신만이 거룩하시고, 당신만이 주님이시고, 당신만이 높으시도다" Quoniam tu solus Sanctus, tu solus Dominus, tu solus Altissimus, Iesu Christe는 이 찬미가가 생겨난 시기를 생각해 보면 비로소 그 본 모습을 만나게 된다. 그 시대는 황제숭배 시대였으며 화려한 신들의 축제들과 공개적인 제사의식 그리고 그에 뒤따르는 그리스도교도 박해시대였다. 많은 황제들은 신으로 떠받들어지기를 요구했다. 그들에게 분향제사를 바치길 거부하는 사람은 누구나 신과 국가의 원수나 적으로, 국민의 해충으로 의심받았다. 이러한 시대적인 배경하에서 그리스도께로 향한 신앙고백은 삶과 죽음을 결정하는 성격을 띠었던 것이다. 이제 오늘날은 이러한 신앙고백이 그 실제적인 배경을 잃어버렸다고 그 누구도 생각하지 말기를! 오늘날의 사람들에게도 거짓 우상들이나 유혹하는 이념들이 다가오고 있다. 이 시대는 오늘날의 그리스도인들에게 말과 삶에서 "주님, 당신만이 홀로 거룩하시고 높으시나이다" 하고 고백하기를 요구한다.

찬미가는 "성령과 함께 아버지 하느님의 영광 안에 계시나이다"라는 삼위일체의 신앙고백 양식으로 끝을 맺는다.

이 오래된 그리스도교 찬미가를 노래하거나 기도하는 사람은 삼위일체이신 하느님께로 향한 참된 찬송은 읊조리는 말에 있는 것이 아니라 살아 있는 대영광송이 되어야 한다는 점을 의식해야 한다. 이를 위한 하나의 통일된 곡조나 각자를 위한 사용 지침은 따로 없다. 순교하는 화롯불 안에서는 찬송이 다르게 울리고 직장인들이 자주 못견뎌하는 일상에서는 또 다르게 울린다. 평범한 일상의 짐이나 병고, 그리고 정신적 고통을 묵묵히 견디어 내는 것도, 십자가를 함께 지고 가는 것도 글로리아, 곧 하느님 찬양이 될 수 있다. 나이가 지긋한 분들은 아직도 1930년대초 루드비히 볼커*가 "하느님의 영광"Gloria Dei은 고난의 시대에 많은 사람들에게 광명과 힘을 주는 기쁜 소식이라고 얼마나 호소했던가를 기억한다. 주일과 대축일 그리고 축일의 모든 미사는 우리로 하여금 이 "글로리아 데이" 정신을 새롭게 하도록 호소한다.

대영광송을 노래 또는 말로 하는 데는 「미사경본 총지침」 31항을 유의해야 한다: "대영광송은 모든 사람이 함께 노래할 수 있다. 노래로 하든지 또는 공동체와 성가대가 교대로 하거나 또는 성가대만이 노래할 수 있다. 노래하지 못할 경우에는 교우들이 함께 읽든지 또는 교대로 읽는다." 독일어 미사경본은 대영광송을 성가로 대체할 수 있도록 허용하는 유일한 예이다. 그러나 불행히도 이를 위해 선택된 많은 노래들은 비록 하느님을 찬미하지만 그리스도 안에서의 구원사건을 드러내지 못하기 때문에 이 찬미가의 풍부한 내용을 올바르게 드러내지 못하고 있다.

---

* Ludwig Wolker(1887~1955)는 청년 단체 지도신부로서 로마노 과르디니와 함께 젊은이들을 위한 전례운동과 사목에 헌신한 독일인 ─ 역자 주.

본 기 도

시작 예식은 주도자 기도(사회자 기도)의 하나로 꼽히는 본기도 Collecta(모음기도)로 끝맺는다. 왜냐하면 이 기도는 언제나 성찬례의 주도자(주교 또는 사제)에 의해서 바쳐지기 때문이다. 기도는 "기도합시다"라는 초대로 시작된다. 기도하는 사람은 사제뿐만이 아니라 함께 참여하는 모든 이들이다. 이들은 그리스도 안에서 하나요 한 식구들이다. 이에 기도하는 신자들은 본기도 안에서 종종 "당신의 백성", "당신의 가족", "당신의 교회"라고 불린다. 사도행전에서 "한 마음 한 정신이 되었다"(사도 4,32)고 말하는 예루살렘 원시 공동체는 언제나 모든 그리스도교 공동체를 위한 표본이 되어야 한다.

초대말 후에 짧은 침묵이 배려되어 있다. 「미사경본 총지침」은 아래의 말로써 이 침묵의 뜻을 밝힌다: "모든 사제와 함께 잠시 침묵중에 하느님 대전에 서 있음을 반성하고 열심한 마음을 가다듬는다"(32항, 참조: 23항). 기도와 전례는 결코 조급하거나 서두르지 말아야 한다. 침묵 안에서 인간은 자기 자신과 하느님께 나아간다. 고요한 가운데 각자는 누구를 위해서 그리고 어떤 원의를 가지고 이 시간에 특별히 기도해야 하는가를 분명히할 수 있다.

이어지는 기도는 라틴어 "oratio collecta"(모음기도)라는 말에서 유래하며 과거에도 "collecta"(모음)라고도 불리었다. 이 기도는 각자 자신의 개인적인 기도를 그 안에 포함시킬 수 있고 내포된다는 것을 알게 하기 위하여 의식적으로 간결하게 유지해 왔다. 이 기도는 옛 로마의 기도 관습에 따라 성령 안에서 중개자인 예수 그리스도를 통하여 성부께 향한다. 10세기 이후가 되어서야 비로소 기도문들도 직접 그리스도께 향하는 갈리아 전례의 영향을 받게 된다. 내용상으로 보아 기도의 구성은 먼저 하느님을 부른다. 여기서 가끔은 형용사를 하나 또는 둘을 겹쳐서 동격으로 사용한다. 그런 다음 하나의 첨가문 또는 관계문을 사용하여 하느님을 찬양하며 이어서 소망 간청을 말하는 형식으로 이루어져 있다. 모든 본기도들은 간청이 성부 또는 성자께 향하는가에 따라 그에 상응하는 삼위일체 종결양식을 가진다. 「미사경본 총지침」은 첫째 (더 오래된) 양식을 선호한다: "사제의 기도는 그리스도를 통하여 성령 안에서 성부께 바쳐진다"(32항).

모든 주도자의 기도들과 마찬가지로 본기도도 두 손과 팔을 펼쳐들고 바친다. 사람들은 이 자세를 로마 카타꼼바의 벽화에 그려진 모든 기도하는 형태를 본받아 "기도하는 자세"라고 불렀다. 그뿐 아니라 초세기 그리스도인들에게는 기도할 때 팔을 들어올리고 양손을 펼치는 형태는 십자가에 달리신 주님을 상기시켰다. 오늘날의 그리스도인들에게도 이같은 기도 자세가 그리스도께서 이 미사 전례의 시간에 우리와 함께 기도하시는 분, 우리를 위해 간구해 주시는 우리의 전구자, 우리의 대사제이시라는 점을 보여주는 상징적 암시가 될 수 있고, 또한 되어야 하지 않을까?

이같은 맥락에서 보면 두 손을 모으는 기도 자세(합장) 또한 암시하는 바가 크다. 한때 중세의 기사들이나 제후들은 왕이나 또는 다른 군주들 앞에서 충성 서약이나 생명 서약을 할 때 자신들의 합장한 손을 그들에게 내놓았다. 그렇게 함으로써 그들에게 몸과 마음을 바쳐 봉사하고자 한다는 원의를 상징적으로 표명하였다. 이 상징성을 하느님 앞에선 우리의 자세로 전이시키는 것은 그리 어렵지 않다. 그외에도 두 손을 서로 교차시켜 가슴 위에 가지런히 놓는 기도 자세도 있다. 이런 자세는 내면화와 집중의 표시로 설명할 수 있으며 사적 기도를 바칠 때 권장된다.

본기도는 히브리 단어인 "아멘"이라는 신자들의 응답으로 끝맺는다. 이 말은 "예, 그렇습니다" 또는 "예, 그렇게 되소서"라는 뜻을 나타낸다. 이렇게 말함으로써 공동체는 사제의 기도와 하나되며 마치 기도문 아래 서명을 하는 것과 같다. 외관상으로 보아 이에 대한 자각은 오늘날 우리 시대에서보다는 옛 교회 안에서 더 생생하였다. 그렇지 않다면야 어떻게 교부 성 예로니모께서 로마의 바실리카 안에서 "아멘"이라는 소리가 마치 천둥소리처럼 그 넓은 공간을 울렸다고 기록할 수 있었겠는가. 본기도를 바칠 때에도 공동체는 능동적으로 참여해야 하고 자신의 공통 사제직에 의거하여 자신에게 주어진 역할을 맡아야 한다.

공의회 전의 미사경본과는 대조적으로 이제 하나의 본기도만 바친다(이 규칙은 봉헌기도와 영성체 후 기도에도 그대로 적용된다). 과거의 순서에 따르면 일곱 개의 기도까지 바칠 수 있었다. 그 서열에 대해서는 상세한 지침이 주어져 있었다.

현행 미사경본에서는 연중시기 평일미사의 본기도를 위해서 많은 선택 가능성을 열어두고 있다: 이미 지난 주일들의 본기도들, 특별한 원의를 위한 미사와 기원미사의 본기도들을 바칠 수 있다. 독일어판 미사경본은 이보다 한 걸음 더 나아가 41개의 "선택할 수 있는 본기도들"(305-20쪽)과 4주간의 주기에 맞추어 "선택할 수 있는 평일미사"(275-304쪽) 기도문들을 새로 편성하였다.

「미사경본 총지침」은 풍성한 선택 가능성 안에서 "… 전례적 집회의 기도는 언제나 새로운 주제로서 풍요롭게 하고 신자들과 교회 그리고 인류의 특별한 원의를 고려할 수 있는 기회를 가진다"(323항).

2

말씀 전례

미사 전례 안에서의 하느님 말씀

대중 홍보매체 시대에 수많은 소리와 소식들이 우리의 귓전으로 밀치고 들어온다. 시청각 매체의 범람에 대해 말들이 많거니와 부당한 일이 아니다. 우리는 여기서 많은 것을 "멍하게" 듣기만 하는 것으로, 많은 것이 우리 귀에 들어가지 않도록 내적으로 거부하는 것으로 대응할 수 있을 뿐이다.

그렇지만 우리는 한 말씀에는 언제나 특별한 주의를 기울여야 하는 빚을 안고 있다. 곧, 하느님 자신이 인간에게 말씀하신 성서의 말씀 그것이다. 교회는 하느님께서 이 문서 안에서 자신을 알게 해주시고 빛과 능력을 선사하시고자 한다는 사실을 확신한다. 제2차 바티칸 공의회는 이 진리를 강렬하고도 분명하게 선언한다:

> 교회는 주님의 성체와 함께 성령을 항상 존중하고 특별히 거룩한 전례에서 끊임없이 하느님의 말씀과 성체의 식탁에서 양식을 얻고 신자들에게도 준다. 교회는 성전과 함께 성경을 자기 신앙의 최고

규범으로 늘 간직하고 있다. 성경은 하느님의 영감에 의해 모든 시대를 위하여 단 한 번 기록된 것으로서 하느님 자신의 말씀을 변치 않게 전하며 예언자들과 사도들의 말 가운데 성령의 말소리를 반영시킨다. … 하늘에 계신 아버지께서는 성경 안에서 당신의 자녀들을 언제나 친절히 만나 주시고 그들과 말씀을 나누신다. 그리고 하느님의 말씀은 교회에 대해서는 지탱과 힘이 되고 교회의 자녀들에게는 신앙의 힘, 말씀의 양식, 영신생활의 깨끗하고 마르지 않는 샘이 되는 힘과 능력을 가지고 있다(「계시헌장」 21항).

공의회 교부들은 매번의 회기 시작에 앞서 향로잡이와 촛대잡이를 앞세운 성서를 들고 행렬하여 준비된 자리에 모시고 성서에 분향의 예를 표하게 했다. 이같은 인상적인 의식을 통하여 교부들은 하느님의 말씀의 고귀한 가치를 구체적으로 나타내었다.

그러므로 성서가 전례 안에서도 뛰어난 자리를 차지하는 것은 당연하다: "왜냐하면 성서에서 독서들이 봉독되고 설교에서 설명되며, 성서에서 시편들이 노래불려지고, 성서에서 받은 영감과 충동하에서 전례중의 간구와 기도 및 찬미가들이 만들어지며, 성서에서 행위와 표징의 의미가 나오기 때문이다"(「전례헌장」 24항). 성찬례를 묘사한 가장 오래된 사도 후대 작품인 유스티누스의 『호교론』에서 이미 성서 독서들은 성찬례의 구성 요소로 언급되고 있다(1권 67장). 그러므로 말씀의 식탁을 풍성하게 차리고 성서의 보고를 더 넓히고 개방하는 것이 제2차 바티칸 공의회의 특별한 원의였다(「전례헌장」 51항 참조). 분량의 다수라는 의미에서가 아니라 성서 독서들은 더 풍부하게, 더 다양하게 그리고 적합하게 꾸며져야 한다.

공의회는 여기서 하느님 자신이 우리 구원을 위하여 실제로 활동하신다는 신비를 깨닫도록 우리의 시야를 넓혀주었다. 이것은 데살로니카 공동체에 첫번째 편지를 써 보내신 사도 바울로의 뜻과 완전히 일치한다: "우리도 끊임없이 하느님께 감사를 드리는 것은, 여러분이 우리로부터 하느님께서 들려주시는 말씀을 전해 받았을 적에 여러분은 그것을 사람의 말로 받아들이지 않고 사실 그대로 하느님의 말씀으로 받아들였기 때문입니다. 이 말씀은 또한 믿는 여러분 안에서 효력을 내고 있습니다"(2.13). 사도 바울로는 하느님의 말씀을 두 번이나 하느님의 능력이라고 부른다(로마 1.16; 1고린 1.18). 그는 하느님의 말씀을 생명과 구원, 은총과 화해의 말씀으로 표현한다. 하느님의 말씀은 구원의 은혜를 알려줄 뿐 아니라 구원으로 인도하고 그 실현에 근원적으로 참여케 한다는 뜻이다. 말씀은 신적 생산 능력을 가지고 있다(참조: 1고린 4.15와 1베드 1.23). 새 미사경본은 그「총지침」에서 그에 어울리게 말하고 있다: "독서를 통해서 하느님이 당신 백성에게 말씀하시고, 구원의 신비를 밝혀주시며 영신의 양식을 제공하신다. 또 그리스도께서는 당신의 말씀을 들려주심으로써 신자들 가운데 현존하신다"(33항).

하느님의 말씀이 인간 존재의 심층부에까지 이르고 그를 변화시킨다면 그것은 오직 성령의 능력을 통해서만이 가능하다. 1981년에 인준된 "독서집(제2판)을 위한 사목상 일러두기"(지침 안내)는 이 점에 대해 분명하게 주의를 환기시킨다:

> 하느님의 말씀이 귓전에만 맴돌지 않고 마음을 움직이기 위해서는 성령의 활동이 꼭 필요하다. 하느님의 말씀은 성령의 영감과

조력을 통하여 전례의 기초가 되고 삶을 위한 힘의 원천이자 지침이 된다. 이렇듯이 성령의 활동하심은 모든 전례적 행동에 앞서며, 전례와 함께하며 그로부터 새롭게 생겨난다. 영은 각 개별 인간의 마음을 가르치실 뿐 아니라 여러 다른 은총을 펼치시고 다양한 행동을 고무시키며 모든 것을 하나로 결합시킨다(9항).

하느님의 말씀을 주의깊게 듣는 것, 곧 기쁜 소식에 열려진 존재가 되는 것은 반드시 이같은 성령의 활동과 결합되어야 한다.

 그리스도 자신은 씨 뿌리는 사람과 씨의 비유에서 하느님 말씀을 청취하는 데 있어 여러 가지 잘못된 태도에 대해 경고하셨다. 어떤 주석학자는 이같은 잘못된 청취 형태를 인간 마음의 세 가지 잘못된 태도, 곧 둔감하거나 경솔, 그리고 세속적 물욕에 기인한다고 해석한다(A. Jülicher).

 전례에서의 성서 독서 때는 한 가지 중요한 관점이 고려되어야 한다. 전례 성서 독서들을 역사적으로만 이해하거나 설명해서는 안된다. 왜냐하면 전례에서의 독서들은 지나간 하나의 사건에 대해서만 보고하려 하지 않고 현재의 인간에게 하느님의 기쁜 소식이고자 하기 때문이다. 아우구스티누스 주교는 일찍이 이 점을 아래와 같이 표현했다: 우리는 지나간 사건에 대해서 들었다. 우리는 이 안에 숨겨진 신비를 찾아내어야 한다. 이에 약간의 예를 들어 그 신비를 밝히자면, 빵을 많게 하신 기적에 관한 보고는 우선적으로 이 예수님 또한 우리를 위한 기적의 빵이시며 우리 힘의 원천이시라는 점을 우리에게 말해주고자 한다. 병자를 낫게 하고 죽은 이를 살리는 복음 구절들은 우리들이 나병환자, 소경,

절름발이 그리고 정신적으로 죽은 자들이며, 이들에게 예수님은 구원의 활동을 행하신다는 점을 우리에게 호소하고자 한다. 예수께서 가르치신 비유들이나 이야기에도 그리고 사도들의 편지들에도 같은 원칙이 적용된다. 즉, 바로 우리가 그 말씀의 상대방이며 그 말씀은 바로 우리를 향한 말씀이다. 그러므로 전례의 독서들은 현재의 따뜻한 숨결을 가지고 있으며, 오늘 여기서 무엇이 일어나고 있는지, 나아가 그것이 우리와 무슨 관계가 있는지를 알려준다.

새 독서 배열

전례 성서 독서를 더 풍성하게 구성하고자 하는 노력은 1969년 5월 25일의 미사 전례를 위한 새로운 독서 배열을 만들어 내기에 이르렀다. 두번째 결정판은 더 폭넓은 "사목상 일러두기"를 덧붙이고 또 "새 라틴어 번역본"Nova Vulgata(1979) 성서를 사용하여 1981년 1월 21일에 발간되었다. 1983년에 나온 독일어판은 1979/80년의 "신·구교 공동번역 성서" 마지막 초안을 기초로 했다. 가장 중요한 결정들은 아래와 같다:

모든 주일과 대축일에는 세 가지 독서가 준비된다: 첫째 독서는 구약에서, 둘째 독서는 사도들의 편지나 사도행전 또는 묵시록에서, 셋째 독서는 복음 중에서 한 대목이 봉독된다. 성서의 보고를 공동체에 더 넓게 열어두기 위해서 3년 주기의 독서제도가 도입되었다. 이 3년 주기는 A,B,C(참조: 한국에서는 가,나,다)로 구분 짓는다. 그 해의 연도 수를 3으로 나누어 1이 남으면 ㉮해, 2가

남으면 ㉯해, 3으로 나누어지면 ㉰해가 된다. 독서를 선택·배열하는 데는 두 가지 원칙에 입각하였다. 하나는 주제별 조정의 원칙, 조화의 원칙이고, 다른 하나는 준연속^{準連續}의 원칙이다. 첫째 원칙은 전례적으로 중요한 시기인 성탄시기와 부활시기(부활절 속죄시기 - 부활의 성삼일 - 부활절 축제시기)에 적용된다. 둘째 원칙은 연중시기의 모든 주일에 해당되며 일정한 복음이나 서간이 거의 연속해서 주일마다 봉독된다. 사목적 이유에서 몇몇 부분은 건너뛸 수 있다. 이 원칙은 그러나 둘째 독서와 복음 단락에서는 적용되지만 이에 비해 구약의 독서들은 각 복음에 따라 정해졌다. ㉮해에는 마태오 복음, ㉯해에는 마르코 복음, ㉰해에는 루가 복음이 봉독된다. 요한 복음은 부활절 속죄시기(사순시기)와 부활절 축제시기 주간에로 유보되었다. 사도행전은 부활절 축제시기의 첫째 독서로 배려되었다.

주일과 대축일에 봉독되는 세 가지 독서가 많은 지방에서, 특히 독일에서도 재고를 불러일으켰다. 1967년의 로마 주교회의 Synodus 때에도 신망있는 소수 그룹이 반대의견을 개진했다. 이들은 많은 분량이 내적 효능을 저해할 수 있지 않을까 두려워했다. 이에 시노드는 개별 주교회의에 두 가지 독서만을 의무화할 가능성을 위임했다. 독일어권 주교들은 이 가능성을 취했다. 그렇지만 적지않은 본당들은 세 가지 독서를 선호한다.

주간 평일 독서는 통상적으로 두 가지를 취한다. 첫째 독서는 2년 주기로 봉독되며 홀수 해와 짝수 해로 구분한다. 이에 반해 복음은 1년 주기로 해마다 반복된다. 복음은 연중시기 1-9주간 평일에는 마르코 복음을, 10-21주간 평일에는 마태오 복음을,

22-34주간 평일에는 루가 복음이 봉독된다. 대림시기 및 성탄, 부활절 속죄시기 및 부활절 축제시기에는 이 시기의 특성을 고려한 규정을 따랐다.

기타 독서 배열은 성인 축일들과 기념일 미사, 성사 및 준성사, 여러 가지 계기와 기원미사에 따라 편집되었다. 평일이나 성인 기념일 등의 독서를 선택할 때는 주도자 자신의 취향보다는 공동체 전체의 영신적 유익을 중시해야 한다.

모든 독서는 독서대에서 봉독되어야 한다(독서대는 희랍어 "anabainein" = "위로 올라가다"라는 단어에서 기원한다). 독서대의 의미에 대해 「총지침」은 다음과 같이 말한다: "하느님 말씀의 권위는 그 말씀을 선포하는 자리가 성당 안에서 특정한 위치를 차지하도록 요구한다. 그 자리는 말씀 전례 동안 교우들의 관심이 쉽게 집중될 수 있는 곳이라야 한다"(272항). 독서대는 무엇보다도 신자들이 봉독하는 사람을 잘 볼 수 있고 말씀을 잘 들을 수 있는 공간적 여건에 맞는 장소에 자리해야 한다. 이곳에서는 독서 외에도 화답송과 복음이 낭송되거나 봉독되며, 경우에 따라서는 강론과 보편 지향 기도가 바쳐진다.

성서 봉독자는 전승에 상응되게끔 가능한 한 주도자는 피해야 한다. 그럼으로써 주도하는 사제 또한 한 사람의 청취자로서 하느님 말씀 아래 자신을 위치시킨다는 점이 분명해진다. 복음 아닌 성서 독서들이 신자들에 의해 봉독될 수 있는 반면에 복음은 언제나 부제 또는 사제에 의해 봉독되어야 한다.

첫째 독서와 화답송

첫째 독서는 구약성서에서 취하며 그날 복음과 관련을 맺고 있다고 이미 언급했다(예외적으로 부활시기는 사도행전에서 취한다). 구약성서를 독서로 사용하는 데서 교회는 구약성서도 마찬가지로 신적 계시이며 마침내는 구원을 가져오는 그리스도 사건에 기여한다는 사실을 명백히 드러내고자 한다. 아우구스티누스 주교의 유명한 말씀에 따르면 신약은 구약 안에 감추어져 있고 구약은 신약 안에서 드러났다. 신적 계시에 관한 제2차 바티칸 공의회의 교의헌장인 「계시헌장」은 이 점에 대해 다음과 같이 진술한다:

> 구약에서의 하느님의 계획은 무엇보다도 인류의 구원자이신 그리스도와 메시아 왕국의 내림을 준비하고 예언적으로 미리 알리며 여러 가지 전형으로 가르치는 것을 목적으로 했다. … 비록 이 책들도 불완전하고 일시적인 것을 내포하고 있다 할지라도 하느님의 진실한 교육 방법을 드러내고 있다. 따라서 이 책은 하느님께 대한 생생한 의미를 드러낸다. 하느님께 관한 숭고한 교훈과 인간생활에 관한 지혜, 탁월한 기도의 보고들이 이 책 안에 간직되어 있다. 마지막으로 우리 구원의 신비가 이 안에 감추어져 있다. 그러므로 그리스도를 믿고 사람들은 이 책들을 경건하게 받아들여야 한다(「계시헌장」 15항).

미사 복음과의 주제별 연관성에 관해서는 약속과 성취 또는 복음에서 묘사된 인물의 구약의 전표들이나 주제에 따른 병행, 즉 예언자들의 속죄설교 – 예수나 선구자 요한의 속죄설교, 예언자들의 소명 – 사도들의 소명 등등으로 이루어질 수 있다.

공동체는 앉아서 독서를 듣는다. 이 자세는 귀를 기울이기에 용이한 몸가짐이다. 독서자는 "이는 살아 계신 주님의 말씀입니다"라는 말로 독서를 마무리하고 이에 공동체는 "하느님 감사합니다"라고 응답한다.

독서하기 전에 짧은 인도 내지는 해설도 가능하다. "독서집을 위한 사목상 일러두기"는 이를 위해 세심하게 준비할 것을 요구하고 있다. "인도 내지 해설은 단순하고 본문에 충실하며 짧게 잘 준비되어야 하며 인도하는 본문과 일치되어야 한다"(15항). 어떠한 경우라도 그것이 선행하는 설교(강론)의 성격을 띠어서는 안 된다.

첫째 독서에 이어 화답송 Psalmus responsorius 이 따라온다. 과거에는 층계송이라고 불렀다. 화답송은 들은 것을 서서히 끝마치게 하고 묵상할 자리를 만들어 주는 임무를 가진다. 「미사경본 총지침」은 화답송을 "말씀 전례의 본질적 요소"라 부른다(36항). 화답송은 독서집에 덧붙여졌으며 보통으로 노래로 불러야 한다. "독서집을 위한 사목상 일러두기"는 이를 위한 두 가지 가능성, 곧 후렴을 하거나 또는 후렴 없이 하는 경우를 제시한다. 후렴을 하는 형태에는 선창자 또는 시편 낭송자가 시편의 구절을 낭송하거나 노래하고 전 공동체는 후렴으로 응답한다. 가능한 한 이 형태를 선호해야 한다. 후렴 없는 형태에서는 사이사이에 공동체가 후렴으로 응답하지 않고, 선창자가 시편을 노래부르고 공동체는 듣기만 하거나 또는 공동체 모두가 함께 노래부른다. "화답송이 노래로 불려지지 않는 곳에서는 하느님의 말씀에 대한 묵상을 촉진시킬 수 있는 방법으로 낭송되어야 한다"(일러두기 20항).

미사경본의 홍주紅註 지침에 의하면(335쪽), 부득이한 경우 화답송은 다른 그에 상응하는 성가로 대체될 수 있다. 안타깝게도 "부득이한 경우"가 "정상적인 경우"가 되고, 불려지는 성가가 앞서 봉독된 성서와의 관련성을 전혀 알아차릴 수 없게 하는 공동체가 적지 않다.

둘째 독서, 복음 환호송, 부속가

축일의 둘째 독서는 주제와의 일치, 그러니까 각 축제의 신비로 방향지어진다는 원칙에 따라 선택된다고 이미 주일과 축일에 따른 새 독서 규정 설명 때 언급하였다. 그러나 연중시기의 주일들에는 사도 바울로의 편지들과 야고보서에서 취하는 선택 원칙을 따른다. 베드로서와 요한의 편지들은 부활시기와 성탄시기에 봉독된다. "신자들의 이해도를 고려하여 짧으면서도 너무 어렵지 않은 본문들을 선택했다"(사목상 일러두기 107항). 그럼에도 불구하고 많은 본문 구절은 대부분의 신자들을 위해 설명을 필요로 한다. 이를 위해 마치 강론처럼 독서 전에 간략하게 해설할 수 있는 가능성이 주어진다. 그렇더라도 규칙적으로 귀기울이는 청취자들에게 3년 주기 동안 풍성한 그리스도교의 기쁜 소식이 가까이 전달된다는 사실은 분명하다. 복음사가들이 여러 번에 걸쳐 예수의 어머니가 구원 사건을 생각하고 마음 속에 간직했다고 보고하는 바와 결부시켜야 할 것이다.

둘째 독서도 "이는 살아 계신 주님의 말씀입니다"라는 환호와 "하느님 감사합니다"라는 응답으로써 마친다.

둘째 독서에 이어서 "복음 환호송"이 따라온다. 화답송에 비하여 이 복음 환호송은 앞서 봉독된 성서 독서에 대한 묵상적인 응답이 아니라 복음을 통하여 현존하시는 그리스도를 향한 환호이다. 복음 환호송은 사순시기를 제외하고는 알렐루야와 그에 따르는 알렐루야 절(성구)로 구성되어 있다. 알렐루야는 히브리어 "hallelu-jah"에서 유래하고 "야훼를 찬양하라"라는 뜻이며 유대교 전례에서 기원한다. 그리스도교의 모든 전례의식에서 알렐루야는 묵시록 19장 1-7절의 말씀과 부합하게 들어높여지신 주님께 적용된다. 그러므로 알렐루야는 부활절 찬양의 환호로서 부활절 축제시기(부활시기)에 특별한 자리를 차지한다.

알렐루야로 둘러싸인 성구는 통례적으로 이어지는 복음에서 취한다. "알렐루야는 노래로 불러야 하고 그것도 선창자나 성가대가 아니라 공동체 전체"(사목상 일러두기 23항)가 부르는 것이 알렐루야의 성격과도 부합한다. 이를 위해 지시된 일어선 자세는 복음 안에서 우리에게 오시는 주님을 영접하기 위한 준비와 그분을 향한 경외심의 표현이다.

부활절 속죄시기(사순시기)의 "복음 환호송"은 그리스도께 드리는 환호나 복음 구절로 구성되는데, 그 문체는 알렐루야와 이어지는 성구와 비슷하다. 복음 환호송이 말씀의 전례의 독립적 요소라는 "독서집의 사목상 일러두기"(23항)의 진술은 위의 두 가지 "복음 환호송" 형태에 들어맞는다.

복음 전에 하나의 독서만 봉독된다면 화답송과 복음 환호송은 노래로 부르거나 또는 둘 중 하나만 노래할 수 있다.

화답송과 복음 환호송 외에 중세 초기부터 복음이 봉독되기 전에 후기 라틴어 Sequentia(연속)에서 나온 "부속가"라는 더 긴 노래가 자리했다. 이 부속가는 알렐루야 종결부에 노래말 없는 환호곡 아래 가사(詩) 등을 덧붙였으며 후에는 조화를 이루는 소절과 운율을 통해서 지금의 부속가 형태로 자리잡았다. 중세기에 그러한 부속가들이 얼마나 애호되었는지는 중세기 부속가가 5,000여 가지나 전해져 온 것으로 보아 짐작할 수 있다. 그중 많은 작품이 조악하기에 비오 5세 미사경본(1570)은 그 수를 넷으로 제한했다. 공의회 후의 새 지침은 부활, 성신강림 부속가만 의무적으로 규정하고 성체성혈 대축일과 통고의 복되신 마리아 기념일은 자유로 한다. 앞으로 모든 부속가는 알렐루야 전에 바친다. 알렐루야야말로 직접적으로 복음을 준비하기 때문이다. 물론 새 독서집은 다음의 예외 경우를 인정한다: "음악적 구성이 이를 권하면 부속가는 알렐루야절 후에 노래할 수 있다. 여기서 부속가는 '아멘, 알렐루야'로 끝난다"(I권 165와 218항).

복 음

모든 전례에서 복음(기쁜 소식)의 봉독은 말씀 전례의 정점으로 여긴다. 그러기에 "사목상 일러두기"도 아래와 같이 표현한다: "복음의 선포는 말씀 전례의 정점이다. 전통에 따라 다른 독서들은 구약에서 신약으로 나아감으로써 공동체로 하여금 복음을 준비시킨다"(13항). 게하르트 루드비히 뮐러는 다른 신약 독서들과 비교하여 복음의 특별한 의미를 알맞게 평가한다: "복음의 선포에서 청중은 신약의 서간문학에서와 마찬가지로 단지 하나의 역사적 보고에서 예수를 만나거나 또는 그분께 대한 신앙고백이나 신학적 숙고를 통해서만 예수를 만날 뿐 아니라, 더 나아가 자신이 지상 예수님의 인생길에 동참함을 느낀다. 청중은 예수의 요구에 따르거나 반대하는 결단을 내려야 하는 것으로 여긴다. 당시의 제자들처럼 예수를 따르도록 불림을 받는다. 청중은 예수께서 우리를 위해 성부께 자신의 생명을 바치시고 부활 안에서 하느님과 함께하는 영원한 생명 공동체에 대한 모든 희망을 보여주기 위해 십자가를 지고 가신 골고타까지 그분을 따른다면 스스로 자신의 삶과 고통 안에서도 그 추종을 증명해야 한다"(Müller 68).

복음서들이 지닌 이러한 특성에서 볼 때 동방교회들에서처럼 서방교회에서도 비슷하게 미사 복음이 성대한 의식으로 둘러싸여 있는 것은 이해할 만하다. 그러한 공경의 표시를 들어보면:

a) 봉독자는 사제 또는 부제여야 한다.

b) 봉독자가 사제인 경우 복음 봉독 전 아래의 준비기도를 바친다: "전능하신 하느님, 제 마음과 입을 깨끗하게 하시어 합당하게 주님의 복음을 선포하게 하소서." 봉독자가 부제인 경우 봉독 전에 다음과 같은 사제의 축복을 간청한다: "주님께서 그대와 함께 계시어 그대가 복음을 합당하고 충실하게 선포하기를 빕니다. 성부와 + 성자와 성령의 이름으로."

c) 복음서는 향로와 초를 앞세우고 행렬을 하는 가운데 독서대로 이동한다.

d) 사제(부제)는 복음 봉독 직전에 나누는 짧은 대화("주께서 여러분과 함께")와 고지(告知)(어떤 복음에서 발췌되었는지를 알림)가 있고 난 뒤 책과 봉독자 자신에 십자표를 긋는다. 아울러 신자들도 세 번에 걸친 작은 십자표를 하도록 초대된다. 이 작은 십자 표시는 그 기원에서 볼 때 보통의 큰 십자 표시보다 훨씬 오래된 형태이다. 서방교회에서 천 년이 넘게 시행해 온 복음 전 십자 표시의 의미는 축복을 간구하는 뜻으로 이해해야 한다. 12세기의 한 신학자는 이 행위를 하느님 말씀을 위해 거리낌없이 자신을 드러내라는 권고와 준비로 알아듣는다. 즉, 입으로 하느님 말씀을 고백하고 마음으로 그것을 충실히 간직하는 것으로 이해한다. 복음서에 십자표를 긋는 것도 복음이 온갖 축복의 원천으로서의 십자가에 관한 기쁜 소식을 담고 있다는 사실에서 그 의미가 명백해진다.

e) 사제(부제)는 현존하시는 그리스도께 공경을 드리는 의미에서 책에 분향한다.

f) 신자들은 봉독 전과 후에 특별한 경의의 환호를 노래하거나 말한다("주님, 영광받으소서" : "그리스도님 찬미합니다").

g) 구약 독서와 사도서간(둘째 독서)이 봉독되는 동안에는 신자들이 앉아 있는 데 비해 복음은 서 있는 자세에서 듣는다. 서는 자세는 기쁨과 존경, 그리고 준비성의 표현이다. 이런 의미에서 본다면 서 있는다는 것은 말없는 고백이 된다.

h) 복음 봉독 후 사제(부제)는 복음서에 친구하면서 "이 복음의 말씀으로 저희 죄를 씻어주소서" 하고 기도한다. 여기서 앞(64쪽)서 언급된 하느님 말씀이 일으키시는 구원의 힘이 전례문 안에서도 알려진다.

복음에 대한 특별한 공경은 동·서방 교회에서 복음 구절로만 이루어진 하나의 고유한 책, 곧 복음집을 특별히 예술적으로 제작하고 그림으로 장식하기에 이르렀다. "사목상 일러두기"는 이 풍습을 복구하기를 권고한다(36항). 이에 독일어권 지역교회에서는 장상들(주교)의 명에 따라 1985년 복음의 품위를 상징적으로 드러내기에 어울리는 화려한 모양새의 그런 복음집이 출판되었다.

"(그러한) 복음집이 있으면 입당 행렬 때 부제나 또는 독서자가 들고 가서 제대 위에 모셔 놓는다"(사목상 일러두기 17). 이 지침 사항에서도 복음에 대한 특별한 존경이 나타난다. 복음집을 들고 행렬하는 이러한 입당 예식은 비잔틴 예식의 전례에 그 표본이 있다. 물론 그곳에서는 더 풍부한 의식을 간직하고 있다.

강 론

강론은 미사 본문(독서들, 고유 기도문 곧 본기도, 예물기도, 영성체 후 기도, 다섯 가지 고유 노래 부분, 곧 자비송·대영광송·신앙고백·거룩하시도다·하느님의 어린양)의 해설로서 말씀 전례를 구성하는 가장 오래된 요소에 속한다. 원래 강론은 주교의 특별한 특권이었으나 오늘날 일반적으로 전례를 주도하는 사제(또는 부제)가 한다. 많은 지방과 시대에 미사 강론을 소홀히하는 것에 대하여 제2차 바티칸 공의회는 "강론은 전례의 한 부분이며 특히 주일과 축일의 신자들과 함께하는 공동체 미사에서는 생략되어서는 안된다"(「전례헌장」 52항)고 강조한다. 강론은 그리스도교적 삶을 강하게 하기 위해서 필요하다(「총지침」 41항). 강론은 인간의 말을 통해 하느님의 말씀을 들을 수 있도록 전달되어야 하고, 현 시대의 문제에 그 해결의 실마리를 푸는 힘을 보여준다는 점을 증명해야 하며, 그 호소와 요구를 알아들을 수 있게 해야 한다. 강론은 동시에 말씀 전례와 성찬례의 하나됨을 분명히하기 위해서 그때그때의 축일의 의미와 매 미사 안에 현존하는 파스카 신비를 연결하는 가교가 되어야 하며, 이 구원 사건을 깨닫도록 해야 한다.

이 힘든 목표 설정이 미사 강론을 여타 세상의 담화나 주장과 구별짓는다. 강론은 신앙의 가르침을 따르고 성사 안에서 그리스도를 만나며 그리스도교적 삶을 이끌도록 사람들을 촉구한다. 이런 의미에서 바울로가 고린토 교회 공동체에게 "실상 나는 그리스도 안에서 복음을 통하여 여러분을 낳았습니다"(1고린 4,15)라고 한 말씀이 미사 강론에도 적용된다. 강론은 그리스도께서 청중의 구원을 향해 활동하시는 하나의 구원 사건이다.

내용상의 구성에 관해서는 여러 가지 다른 형태가 가능하다.

a) 준비된 언어로서의 미사 강론

전례에 참여하는 사람 누구나가 다 전례가 요구하는 성향을 갖추고 있지는 못하다. 산만함과 집중력의 결여 그리고 불완전한 신앙과 희망과 사랑은 하느님의 계시와 성사적 신비에로의 접근을 힘들게 한다. 여기에 미사 강론은 내적 고요와 평정을 촉진시키고 신앙을 강하게 하며, 이기적인 아집을 해소하고 괴로움과 미움에서 벗어나게 하며, 그리스도를 만나고 또한 이웃을 긍정적으로 수용하기 위한 장(場)을 만드는 데 도움이 되어야 한다.

b) 성서 설교로서의 미사 강론

미사의 성서 독서들은 일반적으로 기쁜 소식만 내포하는 것이 아니라 축일이나 축제시기에는 그때그때의 축제의 신비도 선포한다. 미사 강론은 이 소식을 회중이 이해하도록 접근시켜야 하며 자신의 삶을 위한 구체적 결론을 제시해야 한다. 미사 설교로서의 강론은 성서 구절의 원래 의미를 지나쳐서도 안되지만 그렇더라도 현존하는 그리스도의 구원행위를 투명하게 전달해야 한다. 그럼으로써 강론은 "여기서 지금, 그리고 우리에게 생생한 영적 감동을 불러일으키는 뜨거운 숨결을 가지게 된다"(S. Grün).

c) 미사 해설로서의 강론

공의회 이후의 문헌들은 그날 미사 본문들의 Ordinarium, Proprium 해설을 두번째 주제군主題群으로 부른다. 동반하는 표지들과 상징적인 행위들도 특정한 진술을 담고 있기에 이 주제군으로 간주될 수 있다. 규칙적으로 미사에 참석하는 많은 사람들이나 불규칙적으로 참석하는 사람들이 상징적인 태도나 행위의 세계에 대해 놀랄 정도로 무지하다는 사실이 드러난다.

d) 신비 해설로서의 미사 강론

미사 강론의 최상 형태는 신비 해설식 강론이라고 부르는 형태다. 신비 해설은 원래 신비 전수자, 곧 신비를 내적으로 이해하고 체험하도록 이끌고 그로 인해 변화된 삶으로 인도하는 전문가, 거룩한 사람을 뜻한다. 초창기 그리스도교 안에서 이같은 형태의 강론은 높은 가치를 가졌으며 그 중에서도 특히 입문 성사들과 연관되어 아우구스티누스, 베로나의 제누스와 예루살렘의 치릴루스에 의해 특별히 장려되었다. 금세기의 전례 쇄신운동에서 이 강론 형태는 새롭게 재발견되어 촉진되었다. 신비 해설식 미사 강론은 성찬식에서 싹터서 다시 성찬식의 의미를 더 깊이 깨닫도록 인도한다. 또한 신비 강론은 신자들로 하여금 성찬의 신비에 적극적으로 동참하게 하고 파스카 신비의 "오늘"을 깨닫게 하며 우리를 위해 희생하신 주님과의 연대감을 강하게 하여 하늘에 계신 아버지께 드리는 자기봉헌과 이웃을 위한 봉사를 촉구한다. 이 설교는 원래 감사와 찬미를 불러일으키고 우리의 온 삶이 성찬례가 되어야 한다는 사실을 나타낸다. 여기서 중요한 것은 잘 정리된 언사나 학식이 아니라 신비에 대한 직접적 체험, 곧 주님의 현존에 대한 감동적 체험이다. 이 점에서 신비 설교는 단순한 전례학적·교의적 가르침과는 구분된다.

e) 시대와 삶의 문제에 관한 미사 강론

위에 언급한 주제군 외에 미사 강론에 관한 공의회 후의 문헌들은 그러나 청중들의 특별한 필요도 고려하기를 요구한다(「총지침」 41항). 이것은 곧 미사 강론도 다양한 신앙의 어려움과 현 시대적 상황에서 야기되는 문제들을 고려해야 한다는 것을 뜻한다. 이러한 과제들을 더 이상 성찬례 외적인 문제로나 또는 본당의 다른 기획 행사로 떠넘길 수는 없다. 왜냐하면 많은 사람들에 있어 주일의 성찬례는 당면하는 삶의 문제에 대해 신앙에 입각한 분명한 대답을 얻을 수 있는 유일한 기회이기 때문이다. 시대와 관련되는 미사 강론도 언제나 하느님 중심, 그리스도 중심이어야 함은 물론이다. 미사 강론은 비록 그것이 상이한 차이가 있다 하더라도 태양을 중심으로 위성들이 공전하는 것처럼 하느님·그리스도 중심으로 회전하고 유지되어야 한다.

미사 강론은 가장 중요하고 가장 효과적인 현대의 사목적 노력에 속한다고 단정할 수 있다. 미사 강론은 임의로 할 수 있는 자유로운 활동 영역을 전혀 가지지 않으며 설교자에 대한 요구는 결코 사소한 것이 아니다. 물론 회중도 위(64쪽)에서 상세히 언급된 것처럼 미사 강론의 성공에 일조해야 한다는 사실이 여기서도 지적되어야 한다.

강론이 끝나면 짧게 묵상할 수 있는 침묵의 시간이 권고된다. 침묵 또한 전례의 한 요소로 보아야 한다(「총지침」 23).

신앙고백

성서 독서들과 설교는 하느님의 말씀을 들을 수 있게 만들었다. 이제 공동체는 신앙의 "예"와 신앙적 삶을 통하여 하느님 말씀에 응답하도록 불림을 받는다. 이것은 공동의 신앙고백을 통해 명확하게 이루어진다. 신앙고백Credo은 말씀 전례에 대한 "아멘"의 발전된 형태이다. 새 규정에 따르면 신앙고백은 모든 주일과 대축일에 공동으로 말하거나 노래한다. 그밖에 성대하게 지내는 특수 행사 때에도 할 수 있다.

신앙고백은 비교적 늦게 미사 전례에 받아들여졌다. 먼저 6세기 초에 동방 전례에서 나타나고 6세기말에 스페인 전례에서도 발견된다. 로마 전례 안에서는 1,000년이 지난 직후에 비로소 나타나는데, 니체아 공의회(325)와 콘스탄티노플 공의회(381)의 교의에 뿌리를 둔 대☆사도신경 형태로서, 니체아-콘스탄티노플 신경으로 불린다. 원래 신앙고백은 동방에서는 세례고백이었으며 이에 비해 서방에서는 세례 때 "사도들의" 신앙고백이 말해졌다. 고유의 일인칭 형태("저는 믿나이다")는 이같은 유래와 관련되어 있다. 독일어권 미사경본과 성가집은 신앙고백을 복수 일인칭("우리")의 형태로 나타낸다.

미사 전례의 영역 안에서 신앙고백의 의미는 여러 관점하에서 표현된다:

a) 신앙고백은 원래의 세례고백으로서 우리가 받은 세례를 상기시키고 되돌아가게 하며 공동체로 하여금 세례를 새롭게 하도록 호소한다. 그럼으로써 동시에 세례와 성찬례와의 밀접한 관련성을 표명한다. 위의 두 성사는 물론 견진성사와 함께 그리스도와 교회에 입적하는 소위 입문성사에 속한다.

b) 여론과 "건전한 인간 이성"이 오직 세계내적 실재와 규범만을 인정하는 시대, 인간이 최고 법률 제정자이자 모든 사물의 척도가 되고 역사 안에서의 그리스도의 구원행위와 그분의 구원 약속과 가르침이 잊혀지게끔 위협하는 시대 안에서 행해지는 신앙고백은 신앙의 내용과 신앙의 결단을 새롭게 하는 만남을 필요로 한다. 이 만남은 미사 전례의 신앙고백 안에서 이루어진다. 여기서 공동체는 항상 자신을 믿는 이들의 공동체로서 그리고 고백하는 사람으로서, 그리스도를 증언하는 교회로서 새로이 체험한다. 그외에도 각자는 신앙고백할 때 자신이 지난날과 오늘날 헤아릴

수 없을 만큼 많은 신앙의 증거자들과 순교자들의 반열에 서 있다는 것을 의식해야 한다. 그러한 자의식은 신앙의 충실함을 강화시켜 주며 자신의 신앙을 증거하도록 용기를 준다.

c) 미사 전례 안에서 신앙고백은 동시에 구원을 이루시는 하느님을 찬양하는 것이기도 하다. 신앙고백은 찬미와 찬양의 언어를 사용하지 않고도 마치 찬미가처럼 삼위일체이신 하느님의 놀라운 업적을 선포한다. 이 점에서 신앙고백은 대영광송과 감사기도, 특히 감사송과 유사하다.

사도 신앙고백(사도신경)은 서방교회의 세례 때에 그 기원을 가지기 때문에 독일어권 미사경본에 의하면 마찬가지로 미사 전례 안에서 사용될 수 있다.

그 낭송 방법에 관해서는 독일어권 미사경본 지침에 의하면 "보통의 경우 원문을 말로 하거나 노래로 불러야 한다. 예외적으로 신앙고백 성가로 대체될 수 있다"(341쪽). 많은 본당에서 예외적으로 할 수 있는 신앙고백 성가가 정상적인 경우가 되었다는 점은 분명 안타까운 일이 아닐 수 없다. 그로 인해 풍성한 신앙의 실재가 공동체에게 충만히 주어지지 않고 위에서 제시된 신앙고백의 다양한 기능이 근본적으로 제한되는 것이다. 특히 수많은 신앙고백 성가들이 내용상 빈약한 것으로 판단되어야 한다.

신앙고백을 할 때, 규정된 몸가짐은 서는 자세다(「총지침」 21항).

신앙고백을 기도하거나 노래로 할 때 (두 가지 형태 모두에서) 특별히 일러두어야 할 점은 그리스도의 강생과 탄생에 대해 고백하는 부분에서는 모두 허리를 굽혀야 하며 성탄 대축일과 예수 탄생 예고 대축일에는 더 나아가 무릎을 꿇어야 한다. 이것은 이해하기 어려운 하느님의 하강과 그리스도의 구원 사건 시작을 경외스런 눈길로 바라보는 자세이다. 여기서 우리는 동방에서 온 박사들이 아기와 그 어머니를 보았을 때의 그들처럼 행동한다: "그들은 엎드려 절하였다"(마태 2,11).

보편 지향 기도

말씀 전례는 "신자들의 기도"Oratio fidelium 또는 "보편 지향 기도"Oratio universalis라고 부르는 간구로 끝맺는다. 보편 지향 기도는 「전례헌장」에서 말하는 복구 부분들에 속한다: "어떤 시대에 배척을 받아 버려졌던 것이라도 합당하다고 생각되면, 교부들의 오래된 양식에 따라 복구되어야 한다"(「전례헌장」 50항). 로마 미사 전례 안에서 이 보편 지향 기도는 거의 1,500년이 지나도록 잃어버렸다. 이 기도는 단지 성 금요일의 장엄 신자들의 기도와 자비송Kyrie 안에서만 그 흔적을 간직했었다. 이제 하느님의 백성은 또다시 온 인류를 위해서, 교회와 세상 안에서 고통을 받고 있는 이들과 위험에 처해 있는 이들을 위해서 전구해야 한다. 「미사경본 총지침」은 이 기도를 다음과 같이 특징짓는다: "공동기도, 혹은 신자들의 기도라고 하는 부분에서 교우들은 하느님의 백성으로서의 사제직을 수행하며 모든 사람들을 위하여 기도한다. 교우들이 참석하는 미사에서는 보통으로 보편 지향 기도를 하는 것이 좋다. 기도 지향은 성교회를 위하고, 위정자들을 위하고, 고통받는 사람들을 위하고, 모든 사람과 온 세상의 구원을 위한 것이어야 한다"(45항).

이같은 내용의 보편 지향 기도는 "나" 중심의 좁은 시야를 넘어 넓은 지평을 열어주고 인류와 전체교회의 지대한 원의에 대한 책임을 일깨운다. 보편 지향 기도 안에서 공동체는 세례와 견진을 통하여 자기에게 주어진 공통 사제직을 드러나게 실제로 수행한다. 공동체는 "그분은 당신 자신을 모든 이를 위한 대속물로 내주셨고"(1디모 2,6) 자신의 삶과 활동이 다른 사람을 위한 존재였던 주님과 어깨를 나란히한다. 모인 공동체는 그분과 함께, 그분 안에서 온 인류를 위해 중재하며 디모테오 전서의 권고를 그렇게 실현시킨다: "그래서 나는 무엇보다도 먼저 모든 사람을 위해, 왕들과 높은 지위에 있는 모든 이를 위해 간구와 기도와 전구와 감사의 기도를 드리기를 권합니다. 그것은 우리가 온전히 경건하고도 품위있게 그리고 조용히 평화롭게 살아가기 위한 것입니다. 이것은 우리의 구원자이신 하느님 앞에 좋은 일이고 그 마음에 드는 일입니다. 그분은 모든 사람이 구원을 받고 진리의 깨달음에 도달하기를 원하십니다"(1디모 2,1-4).

다른 사람들을 위한 그러한 보편 지향 기도는 그리스도교의 이해에 의하면 특별히 효능이 있다. 그러한 기도가 공동기도로서 말해진다면 그 안에서 그리스도는 특별한 방법으로 기도하는 사람들과 결합되고 마태오 복음 18장 19-20절에 따라 그들은 그리스도와 연대성을 가지기 때문이다: "거듭 진실히 여러분에게 이르거니와, 여러분 가운데서 둘이 땅에서 합심하여 청하는 것은 무슨 일이든 하늘에 계신 내 아버지께서 그들에게 이루어 주실 것입니다. 사실 둘이나 셋이 내 이름으로 모여 있는 거기 그들 가운데 나도 있습니다." 이같은 약속의 빛으로 본다면 시인詩人 게

르투르드 폰 르 포르트Gertrud von le Fort의 말은 믿음이 간다: "아무 것도 할 수 없을 때 많은 것을 할 수 있다 / 지쳐 힘이 없을 때 하느님의 권능을 이끌어들일 수 있다 / 영혼이 완전히 떠나버렸다 하더라도 영원한 사랑을 통해서는 여전히 그 영혼을 얻을 수 있다."

보편 지향 기도 구성을 위한 공식 지침은 사제가 인도하는 초대문과 종합하는 맺음기도를 바치도록 규정하고 있다. 기도 지향 또는 원의는 보통으로 부제나 선창자 혹은 한 사람 또는 공동체 여러 지체에 의해서 바쳐져야 한다. 공동체 자신은 공동의 환호로 응답하든지 또는 침묵으로서 기도 지향에 동의한다. 침묵으로 함께할 때는 적당한 짧은 시간 간격을 두어야 한다.

"기도 지향의 순서는 보통으로 다음과 같아야 한다: a) 교회의 관심사를 위하여, b) 위정자와 세상 구원을 위하여, c) 도움이 필요한 이들을 위하여, d) 지역 공동체를 위하여"(「총지침」 46항).

"그러나 견진 · 혼인 · 장례 등 특별한 전례 때의 보편 지향 기도 순서는 그 계기에 더 상응하게끔 고려할 수 있다"(같은 곳). 이것은 무엇보다도 그러한 기회에 자리한 사람들을 위해 많이 기도할 수 있다는 것을 뜻한다.

테오도르 슈니츨러Theodor Schnitzler는 흔치 않은 잘못된 보편 지향 기도 형태에 대해서 일침을 놓는다: "보편 지향 기도는 짧은 강론이나 짧은 신앙고백, 일간지의 사설이나 방송의 논평 또는 그날의 시사 정치가 아니다. 사람들은 단체나 기관 또는 협회가 주관하는 전례안典禮案 안에서 천상과 지상의 회원들에게 하늘을 설명하고, 여기는 무엇이고, 각자는 어떻게 협력해야 하는지 그 단체의 정강이나 계획을 다시 한번 뚜렷이 인식시키는 아주 자상한 강의를 하고 있는 것을 자주 경험한다"(112쪽).

3

성찬 전례

미사 전례의 첫번째 중심 부분으로서의 말씀 전례가 끝나면 두번째 중심 부분으로서의 (좁은 의미의) 성찬례가 시작된다. 그 구조는 「총지침」(48항)이 분명하게 강조하는 것처럼 예수님의 최후만찬에서 예시되었다:

> 그리스도께서 빵과 잔을 들고 사례하신 후, 제자들에게 건네주며 말씀하셨다: "받아 먹고 마시라. 이는 내 몸이다. 이는 내 피의 잔이다. 이 예를 행함으로써 나를 기념하라." 그러므로 교회는 성찬 전례를 그리스도의 이 말씀과 행동에 상응하게끔 배열한다:
> 1) 예물 준비 때에 빵과 포도주와 물을 제단에 갖다바친다. 이것은 그리스도께서 손에 드셨던 재료들이다.
> 2) 감사기도 안에서 구원의 업적에 대해 하느님께 감사드리며, 예물은 그리스도의 살과 피가 된다.
> 3) 하나의 빵을 나눔으로써 신자들의 일치가 드러나고, 영성체로써 신자들은 그때의 사도들처럼 그리스도의 손에서 주님의 몸과 피를 받아모신다.

II. 미사 전례의 구조와 각개 부분

A. 예물 준비

나이가 지긋하신 분들은 미사 전례 개혁 전에 성찬 전례 첫부분을 "제헌" 또는 "제사 거행"이라고 불렀던 것을 아직도 기억하고 있을 것이다. 이 표현은 쉽게 오해를 불러일으킬 수 있었다. 빵과 포도주를 바치는 것은(offere, 봉헌하다) 원래 단순한 준비 내지는 예물을 바치기 위해 가져오는 것이었다. 점차로 신자들은 이것을 성직자와 가난한 사람들을 위해 그리고 성당을 위해 바치는 희사와 결부시켰다. 여기에서 사람들이 봉헌예절이라고 불렀던 예물 행렬이 많은 교회들 안에서 생겨났다.

그러한 예물들은 신약의 전례 안에서는 원래 의미의 제사로서는 표현할 수 없다. 왜냐하면 구약의 동물이나 음식 그리고 분향을 드리는 제사들은 그리스도의 십자가상 희생 죽음으로써 그 의미가 사라지고 옛것이 되었기 때문이다. 그럼에도 불구하고 중세 초기 특별히 프랑크-갈리아 전례 지역에서는 이 예물 준비에 거의 경신례적 제사 성격을 부여했다. 여기에서 부분적으로 로마 미사 전례 안에도 스며들어 와서 많은 기도문들과 예식들이 발전했다. 이같은 기도문들과 예식들은 예물 준비가 행해지는 그 자리에서 이미 변화된 제물이 된 것 같은 인상을 줄 수 있었다. 그리하여 사제는 공의회 후의 미사 개혁이 있기까지 빵을 들어올릴 때 여전히 아래와 같이 말했다: "이 조촐한 제물을 즐겨 받으소서. 이는 내 이왕 범한 무수한 죄와, 네 성의를 거스른 많은 허물과 네 계명을 소홀히 여긴 모든 죄를 깁기를 위할 뿐 아니라, 또한 여기 두루 있는 모든 이를 위하며, 네 성교회의 산 이와 죽은 모든 믿는 자를 위하여 드리는 바로소이다. 엎디어 비오니, 이로써 나와 저들에게 영생의 구원을 얻기에 유익함이 되게 하소서." 성작을 들어올릴 때 사제는 "우리들이 네게 이 구원의 잔을 드리오며 네 너그러우심을 간구하오니, 이 잔으로 하여금 마치 아름다운 향내와 같이 네 엄위하신 대전에 사무치게 하시어 우리와 및 보세만민의 구령을 위하여 유익함이 되게 하소서" 한 다음, 또 다른 짧은 기도를 드린 후 바로 예물 위에 성령이 임하시기를 간청하는 기도Epiclesis까지 바쳤다("비오니, 거룩하게 하시는 자 영원하신 전능 천주여, 임하사 네 성명을 위하여 예비하는 바 이 제물에 너그러이 강복하소서"). 손을 씻고 나서는 지존하신 성삼께 드리는 봉헌기도를 아래 말로써 시작했다: "거룩하온 성삼이여, 엎디어 구하오니 우리가 봉헌하는 이 제사를 받아들이소서." 그러한 양식들은 미사 개혁 전 시대까지 잘못된 방향으로 이끌었으며 잘못 자리했다. 이러한 양식문들은 기껏해야 감사기도 영역 안에서 비로소 예물을 두고 이루어지는 변화와 제사 행위에 관념상의 선취로써의 의미를 가지게 할 뿐이다. 오해를 불러일으킬 수 있는 그런 본문이 불행히도 새 미사경본 안에서도 자리하고 있다. 더 정확히 말하면 예물기도에로 인도하는 기도 초대로서 "형제 여러분, 우리가 바치는 이 제사를 전능하신 하느님 아버지께서 기꺼이 받아 주시도록 기도합시다" 하는 기도문이 바로 그것이다.

그렇기 때문에 당연히 제물봉헌Offertorium이라는 말마디 대신에 내용을 올바르게 나타내는 예물 준비Praeparatio donorum라는 표현을 골랐다. 이 표현은 더욱이 비잔틴 전례에서의 예물 준비Proskomidie 라는 그리스어 단어의 의미와 일치한다.

이같은 원칙적 설명을 전제하고 예물 준비의 각론에 접근하고자 한다.

제대 준비

예물 준비 시작 때 제대는 성찬례 사건의 중심 장소로, "주님의 식탁"(1고린 10,21)으로 준비된다. 제대의 품위는 무엇보다도 제대가 성찬례의 신비를 통해 "그리스도의 옥좌"가 되며 이미 그리스도교 초세기에 그렇게 공경되었다는 데 근거한다. 그러므로 제대의 거룩함은 16세기 이후에야 자리를 차지한 감실에서 유래하지 않는다. 제대는 공동미사 전례에서 하느님의 백성이 한몫을 차지하는 "주님의 식탁"이다. 제대는 동시에 성찬례 안에서 완성되는 감사의 중심이기도 하다(「총지침」 259항). 새 지침서에서 제대는 벽에서 떨어져야 한다고 언급하고 있다. "제대는 쉽게 돌 수 있고 거기서 신자들을 향해 거행할 수 있도록 벽에서 떨어지게 설치하는 것이 좋다. 또한 신자들이 쉽게 주목할 수 있을 만큼 중심 장소에 놓여야 한다"(「총지침」 262항). 성찬에 대한 공경의 표지로서 제대는 적어도 한 개의 흰 보로 덮어야 하며, "모양과 크기와 장식 등은 제대 구조에 적합하도록 만들어야 한다"(「총지침」 268항). "공경과 여러 다른 전례 거행의 축제 성격을 강조하는 표지인 촛불들은 제대 위나 또는 제대 주위에 세울 수 있다"(「총지침」 269항). 또한 제대 위나 제대 가까이에 십자가도 있어야 한다. 십자가는 교우들이 잘 바라볼 수 있게 두어야 한다"(「총지침」 270항). 십자가는 미사 전례 안에서 그리스도의 십자가상 제사가 현존한다는 분명한 표지인 것이다.

1977년(한국어 번역본은 1978년 9월 10일)에 새로 나온 성당 축성예식서는 새 성당을 위해 성상이나 성화를 제대 위에 설치하는 것을 금한다. 제대는 본질적으로 하느님 한 분에게 봉헌된다. 제대가 특정 성인을 공경하기 위한 기념과 관련시킬 수 있다 하더라도 성찬례 제사는 하느님 한 분에게 봉헌되기 때문이다(제4장 제대 축성, 10항).

제대를 꽃으로 장식하는 풍습은 새로운 제대 축성 예식에서 처음으로 언급된다(제4장, 54항). 제대의 꽃장식으로 인하여 제대를 바라보는 눈길을 방해하지 않는 한, 성대한 연회 때 상을 꽃으로 장식하는 풍습에서 유래한 제대 꽃장식에 대해서 이의를 제기하지 않는다.

예물 준비 시작 때의 직접적인 제대 준비는 성체포(성작과 성반 또는 성합 아래 놓여지는 정사각형의 아마포), 성작 수건Purificatorium, 미사 전례서와 성작을 제대로 가져다 놓는 것이다(「총지침」 49항 참조). 과거에는 미사 전례 시작 전에 이미 성체포를 제대 위에 깔고 보로 덮은 성작을 그 위에 놓는 것이 상례였다. 말씀 전례가 끝난 후에야 "거룩한 식탁"에 보가 씌어짐으로써 (좁은 의미의) 성찬례 시작을 더 분명하게 인식한다고 하는 새 규정에 대해 잘못 말할 수 있다. 물론 이에 대해 성대한 연회에서도 비록 식사가 인사말에 앞서 진행되더라도 손님들이 입장하기 전에 이미 식탁에 보가 씌어진다며 이의를 제기할 수 있다. 과거의 순서 중 많은 부분, 특히 예물 준비 시작은 사제가 제대에 등장함으로써 이미 볼 수 있게 드러났다는 점에서는 그렇게 말할 수 있다.

예물 행렬

예물인 빵과 포도주를 옮기는 것은 원래 예식행위가 아니었다. 시간이 지나서야 이 행위는 어떤 하나의 의식을 갖추게 되었다: 신자들은 빵과 포도주 그리고 자선을 위한 예물을 행렬 형식을 갖추어 제대 난간으로 가져가서 그것을 부제나 경우에 따라서는 사제에게 건네준다. 성 아우구스티누스는 그 시대에 이미 대성당들에서는 예물 행렬 때 시편을 노래했다고 알려준다. 로마에서는 예물 행렬 때의 이 노래를 "봉헌송가"Antiphona ad offertorium라고 이름 불렀다. 카로링거 시대에는 예물과 제대에도 분향하기 시작했다.

새 미사경본은 이를 "신자들이 빵과 포도주를 가져오면 사제나 부제가 적당한 장소에서 받아서 제대 위에 올려놓는다. 오늘날 신자들이 성찬례를 위해 빵과 포도주를 옛날처럼 자기 집에서 가져오지 않는다 해도, 이 행위는 영신적 의의와 효력을 아직도 내포하고 있는 뜻깊고 바람직한 바"(「총지침」 49항)라고 표현한다. 이 영신적 의의는 신자들이 예물과 함께 신앙과 우리를 위해 자신을 봉헌하신 주님의 자기희생과 조화를 이루는 내적 희생을 통하여 스스로를 성찬례 신비에 일치시키고자 하는 데 있다. 이같은 교회의 자기봉헌에 대해서는 성찬기도(감사기도) 단락에서 상세히 다루게 될 것이다.

이 내적 희생은 빵과 포도주 외에 통상적인 헌금과 같은 자선을 위한 예물이 바쳐질 때에도 상징적으로 드러나게 된다. 왜냐하면 이 물질적 희사는 그리스도께서 자신에게 관련시키는("너희는 나를 위해서 그것을 행하였다") 적극적 사랑의 표현이자 세상과 교회를 위한 책임을 나타내는 표현이기 때문이다. 이런 의미에서 보면 미사 전례 중의 규칙적인 헌금이 성가신 구걸이라는 평판은 그 설 자리를 잃어버리게 되며 오히려 예물 행렬에 어울리는 행동인 것이다. 이 헌금 행렬이나 헌금 행위는 감사송 시작 전에 마쳐져야 한다는 점을 유의해야 한다.

헌금 바구니나 다른 희사금들은 "제대 아닌 다른 적당한 자리에"(「총지침」 49항) 놓여야 한다. 만일 이 자리가 제대 가까이에 있다면 미사 전례와의 영신적 관련성은 분명해진다.

예물을 가져오고 준비할 때 미사경본에서 홍주가 일러주는 것과 같이 적당한 성가를 노래하거나 혹은 오르간 반주를 할 수 있다. 또는 침묵으로 대신할 수 있다(「미사경본」 343쪽). 적당한 성가로서 미사 성가집Ordo Cantus Missae 내지 "로마 성가집"Graduale Romanum과 단순 응송집Graduale Simplex의 라틴어 봉헌송을 권고한다. 예물 준비 혹은 전례시기 혹은 그때그때의 축일에 알맞은 모국어 성가나 노래들도 권고한다. 독일어권 성가집Gotteslob은 예물 준비의 의미와 완전히 상응하는 일련의 새로운 예물 준비 성가들을 담고 있다(예: 480, 490, 533번). 그러나 예물 준비 동안에 "거룩한 침묵"의 여유를 만들어 주도록 유의해야 한다. 특히 앞서 행한 말씀 전례와 뒤따라오는 감사기도가 혼동되는 결과가 일어나지 않도록 하기 위해서이다.

빵과 포도주에 대한 감사기도

제2차 바티칸 공의회는 미사 순서(통상문)가 "각 부분의 고유한 뜻과 상호 연관성이 더 명백히 드러나고, 또한 신자들의 경건하고 능동적인 참여가 더 쉽게 이루어지도록 …"(「전례헌장」 50항) 개정하도록 지시했다. 그러므로 미사 개혁작업을 위임받은 연구팀의 위원 모두는 이제까지의 준비기도들을 더 나은 것으로 대체하는 것이 필요하다고 여겼다. 이를 위하여 수많은 문안(양식문)들이 연구되었다. 마침내 유대인의 감사기도(베라카) 형태를 따른 한 본문에 일치하였다. 이 기도는 빵을[포도주를] 들어올릴 때 바친다:

> 온 누리의 주 하느님, 찬미받으소서.
> 주님의 너그러우신 은혜로
> 땅을 일구어 얻은[포도를 가꾸어 얻은]
> 이 빵[술]을 주님께 바치오니
> 생명의 양식이[구원의 음료가] 되게 하소서.
>
> (하느님, 길이 찬미받으소서.)

미사경본 홍주에 따르면 사제는 이 본문을 낮은 목소리로 말한다(344쪽). 그러나 노래가 불려지지도 오르간이 연주되지도 않는다면 큰 소리로 말할 수 있다. 이 경우에는 괄호 속의 응답을 사제나 공동체가 할 수 있다.

두 개의 준비기도는 창조주께 대한 찬미로 시작한다. 빵과 포도주는 창조주의 선물로 표현된다. 여기서도 야고보서의 말씀이 적용된다: "훌륭한 모든 것과 완전한 모든 선물은 위에서 내려오는 것입니다"(야고 1,17).

빵은 많은 민족들에 있어서 수천 년 이래 기본 식량이다. 빵은 생명의 양식이다. 식량 없이 인간은 살아갈 수 없다. 그러므로 빵이란 선물 안에서 하느님을 창조주로, 생명의 보존자요 벗으로 암시한다. 옛 이스라엘에서는 자양분뿐 아니라 기쁨과 구원의 매개체로 간주되었던 포도주에 대해서도 마찬가지로 여겼다.

이같은 음식물이라는 선물의 특성을 생각하는 사람은 감사드린다. 하느님께 감사한다는 것은 기도한다는 것을 의미한다. 식사기도는 오늘날도 여전히 의미있는 대단히 오래된 인간 풍습이다. 이렇듯이 식사에는 거룩하게 하는 형태의 종교적 요소가 어울린다. 식사는 공동체성과 우정, 평화와 기쁨을 불러일으킨다.

그러므로 식사는 그리스도께서 삼위일체이신 하느님과 함께하는 공동체를 서로에게 선사하고, 그리스도 자신이 영원한 혼인잔치의 담보를 주는 음식이 됨으로써 최후만찬의 볼 수 있는 표지가 될 수 있었다.

준비기도들은 그렇지만 창조주만 언급할 뿐 아니라 땀흘리는 수고로운 작업을 통하여 곡식과 포도나무를 가꾸며, 먹을 수 있는 음식물이 될 때까지 열매를 수확하고 가공하는 인간도 언급한다. 왜냐하면 빵과 포도주 안에는 많은 수고와 땀, 소위 말하는 인간 실존의 한 부분이 내포되어 있기에 빵과 포도주는 "인간 노동의 결실"이기 때문이다. 그런 점에서 빵과 포도주도 그리스도의 제사에 이 제물과 함께 자신을 봉헌하는 인간 자신을 상징하는 표징이 될 수 있다.

가장 오래된 그리스도교 전승인 『디다케』(9장)는 수많은 낱알과 포도송이에서 하나의 새로운 모습이 되었던 빵과 포도주 안에서 변화된 예물을 받아 모시는 사람들이 변화된 사람으로서 그리스도의 공동체로, 그리스도의 몸으로 함께 자라나는 하나됨의 표징을 이미 보았다. 이 상징성에 대해서는 이 책의 영성체 부분에서 더 상세히 언급될 것이다.

빵과 포도주의 품질에 대한 더 상세한 언급으로, 「총지침」에는 "성찬례 거행을 위한 빵은 순수한 밀가루로 새로 만든 것이라야 하고, 라틴 교회의 오랜 전통대로 누룩 없는 것이어야 한다"(282항)고 규정되어 있다. 이 풍습은 서방에서는 9~11세기에 생겨났다. 누룩이 든 빵을 사용하는 비잔틴 교회는 이에 대해 강하게 반발했다. 1439년 플로렌스 일치 공의회에서는 누룩 없는 빵뿐 아니라 누룩이 든 빵에서도 그리스도의 몸이 실제로 현존한다는 점에 일치했다. 다만, 모든 사제는 자기 전통을 지켜야 한다고 합의했다. 둥근 모양의 빵조각을 점점 희고 얇게 굽고 종교적 상징들을 새겨넣는 수백 년에 걸쳐 자라온 습관은 유감스럽게도 이 성찬식 빵이 주는 상징력을 현저히 상실시켰다. 제병을 도저히 빵으로서 알아차릴 수 없기 때문이다. 그러므로 새 미사경본은 "표지라는 이유 때문에 성체를 이루는 빵은 참 양식으로 나타나야 한다"고 요구한다. "그러므로 제병은 누룩 없이 전통적 모양으로 만든다 하더라도 교우들과 함께 미사를 봉헌하는 사제가 실제로 제병을 여러 조각으로 떼어 나눌 수 있고 나눈 조각들을 적어도 몇 교우에게 나누어 영해 줄 수 있을 만큼의 크기로 만드는 것이 바람직하다. 그러나 영성체자가 많든지 다른 사목적 이유가 있어서 작은 제병을 써야 한다면 그래도 좋다"(283항).

포도주는 "포도나무 열매"(루가 22,18 참조)로 빚은 순 자연물이어야 한다. 즉, 이물질을 전혀 가미시키지 않는 순수한 포도주여야 한다(284항 참조). 이것을 확실히하기 위해서 독일 주교회의는 1976년 2월 15일 미사주 규정을 발표했다. 동방 전례들에서는 붉은 포도주를 선호하는 데 비해 서방에서는 16세기 이후부터 흰 포도주가 일반화되었다. 그 이유는 단지 실천적인 면에 있었다. 당시에 영성체 후 성작을 닦는 성작 수건들이 등장했는데 흰 포도주가 붉은 포도주보다 흔적이 남지 않기 때문이었다.

빵과 포도주는 완전한 상태로 보존되어 있어야 한다: "포도주가 시어지지 않도록, 빵이 변하거나 쪼개기 힘들 정도로 너무 굳어지지 않도록 조심해야 한다"(285항).

준비기도들은 그 목적을 암시하는 말로 끝맺는다: 빵과 포도주는 바로 "생명의 빵"과 "구원의 잔"이 되어야 한다.

물 섞음

사제는 예물 준비 기도를 바치기 위해 성작을 들어올리기 전에 포도주에 약간의 물을 섞는다. 이 의식은 먼저 순수한 포도주를 그냥 마시지 않는 넓게 퍼져 있던 옛 풍습에도 또 마찬가지로 최후만찬 때 그리스도의 행동에도 그 기원을 두고 있다. 그리스도

교 전승은 이를 넘어 이 안에서 여러 가지의 상징성을 본다:

a) 그리스도의 뚫어진 옆구리에서 흘러나오는 피와 물(요한 19,34)을 암시한다. 여기서 교회와 성사들의 탄생 시간을 상징한다고 보았다.

b) 포도주와 물은 그리스도 안에서의 신적 본성과 인간적 본성을 나타내는 상징이 되고 신약성서에서 그리스도의 몸의 지체로서, 더 나아가 그리스도의 신적 본성의 한몫으로서 여겨지는(2베드 1,4 참조) 그리스도와 우리와의 밀접한 관계를 나타내는 상징이 된다. 성탄 전례는 신성과 인성의 "놀라운 교환"commercium에 대해서 말하고 있다(성탄 밤미사 예물기도). 그러므로 물을 섞을 때 바치는 기도도 세번째 성탄미사(낮미사)의 본기도에서 거의 글자 그대로 인용했다: "이 물과 술이 하나 되듯이 인성을 취하신 그리스도의 신성에 저희도 참여하게 하소서."

c) 그밖에도 흥미로운 하나의 상징성이 옛 에티오피아 전례 안에서 발견된다. 8세기경에 나온 "마리아 공경 감사기도"에서는 "거룩한 잔 안에서 물이 포도주에서 분리될 수 없듯이 그렇게 우리를 당신과 구원의 어린양이신 당신 아들에게서 분리되지 않게 하소서" 하고 기도한다.*

---

* C. Berselli – G. Gharib, Sing das Glück Mariens. Hymnen aus dem ersten Jahrtausend (Freiburg 1985) 80f.

그밖의 준비 예식

이미 언급한 대로 빵과 포도주 안에서 상징적으로 표현되는 그런 자기봉헌은 이어지는 기도, 즉 우리가 그리스도의 희생제사와 결합되어 연대함으로써 바치는 우리 자신의 희생제사를 받아주시기를 간청하는 기도에서도 그 표현이 발견된다. 사제는 허리를 굽히고서 자기 자신만을 위해서가 아니라 모든 참석자를 위해서 이 기도를 바친다: "주 하느님, 진심으로 뉘우치는 저희를 굽어보시어 오늘 저희가 바치는 이 제사를 너그러이 받아들이소서."

이어서 예물, 제대, 사제와 공동체를 향해 향을 피울 수 있다. 분향은 희생제사와 기도의 상징으로서, 그렇지만 간구와 교회를 통한 공경의 표로서 이해되어야 한다는 것은 이미 시작 예식에서 언급되었다(42쪽 이하). 합리주의적 사고와 냉정한 목적 추구 사고가 확산되어 있는 오늘날 우리 시대에 그같은 예식과 더불어 많은 것들이 시행하기 어렵다 하더라도 분향은 거룩한 신비를 명상적으로 이해하는 데 도움이 될 수 있다. 우리 시대에는 의미와 정서가 새로이 그 권리를 요구하며 너무 합리화된 전례가 주는 차가움과 건조함에 대항한다는 점이 사실이기 때문이다.

신자들의 내적 자기 준비와 관련지어 보아야 하는 예물 준비의 마지막 의식은 바로 사제의 손씻음이다. 옛날에 물품 예물을 받고 난 뒤에 했던 손씻는 의식은 분명히 실제적 당위성을 가질 수 있었다. 그러나 오늘날 이 행위는 수반하는 기도에서도 표현하듯이 상징적 성격을 가질 뿐이다: "주님, 제 허물을 말끔히 씻어주시고 제 잘못을 깨끗이 없애주소서." 많은 종교들에서도 기도와 제사를 준비하는 내적 준비를 위한 상징행위로서 손씻는 행동을 알고 있다. 미사 전례에서는 물론 이 행위가 불필요한 중복이며 잘못된 것이라고 볼 수도 있을 것이다. 왜냐하면 이미 시작 예식의 참회행위와, 바로 앞서서 내적 정화를 간청하는 준비기도가 바쳐졌기 때문이다. 그러나 아마도 개정 소관위원회는 이 점에서 성체를 받아 모시기 위해 나가기 바로 전 시편 24장 3절 이하에 따라 다시 한번 정화 예식을 행하는 것을 의무로 알았던 것 같다:

"누가 주님의 산에 오를 수 있으리오?
누가 그분의 거룩한 곳에 설 수 있으리오?
손이 결백하고 마음이 깨끗한 이 …"

예물기도

예물 준비의 종결은 예물기도로서, 8세기 이래 프랑크-갈리아 지역에서 낮은 소리로 말하기 시작하였고 그래서 은밀한 기도$_{\text{Oratio secreta}}$라고도 불렀다. 몇몇 학자는 이 표현을 "선별된 예물 위에 바치는 기도"$_{\text{oratio super dona secreta}}$라고 설명한다. 이 기도는 사제의 기도 초대문으로 인도되는데 로마 미사경본은 단지 "형제 여러분, 우리가 바치는 이 제사를 …"이라는 계응기도만을 가지고 있다. 독일 미사경본은 이 기도를 C 양식으로 보존하였다. 이 기도의 두 부분은 제사를 받아주시기를 간청함으로써 예물 준비 안에서 벌써 제사를 담고 있다는 오해를 쉽게 불러일으킬 수 있다는 점을 이미 지적하였다(88쪽을 보라). 그러므로 A와 B 양식에서는 이러한 오해가 불식되었다는 점에서 환영할 만하다. 독일어권 미사경본의 홍주 지침은 "다른 적합한 기도 초대문"을 선택하는 가능성도 배려하고 있다(346쪽).

　이어지는 예물기도는 본기도와 성찬 후 기도(영성체 후 기도)와 더불어 주도자의 기도 중 하나이다. 사제는 이 기도를 과거와는 달리 큰 소리로 그리고 팔을 벌리고 바친다. 항상 되풀이되는 이 기도의 내용은 우리의 예물과 기도들, 그리고 이와 함께 우리 자신의 제사도 받아주시기를 간청하는 것이다. 축일에는 자주 그날의 신비를 암시한다. 이 기도는 드물지 않게 뒤따라 오는 핵심 신비를 관련시켜 그 구원의 효과를 간청하기도 한다. 예를 들어 연중 제26주일의 예물기도는 "… 우리의 예물을 받으시고 우리에게 이 잔치 안에서 온갖 축복이 흘러나오는 샘을 열어 주소서" 하고 기도한다.

　불행히도 "무척이나 상이한 시대에서 생겨난 많은 예물기도 텍스트들이 오늘날의 성찬례 이해라는 의미에서 볼 때 예물 준비를 끝내고 감사기도로 인도하는 임무에 모두 다 의합한다고는 말할 수 없다"(Meyer 344). 독일어권 미사경본이 이 요구에 더 적합한 열두 개의 "예물기도 선택"을 제공하고 있다(348-51쪽)는 점은 무척이나 반가운 일이다. 그 셋째 기도를 예로 들어본다:

　　"우리 아버지이신 하느님,
　　우리가 주님의 식탁을 준비할 때에

당신의 뜻을 행하는 것이 당신 생명의 음식이었음을
우리로 하여금 깨닫게 하소서.
당신의 제사로 나아가도록 우리에게 용기를 주시고
당신께 자신을 헌신하는 데서
생명의 능력이 우리에게도 이르게 하소서.
우리 주 그리스도의 이름으로 비나이다.

B. 감사기도

감사기도로써 이제 미사 전례의 핵심에로 들어선다. 감사기도는 감사송 앞의 대화로 시작하여 주의 기도 전의 마침 영광송으로 마친다. 이제 감사기도의 본문과 예식을 살펴보기 전에 몇몇 근본되는 문제들을 다루어야 한다.

감사기도의 의미

감사기도는 그 내용에 따르면 파스카 신비 안에서 역사적인 실재가 된 하느님의 모든 구원행위에 대한 포괄적인 감사기도이다. 신약성서 본문 중에는 이같은 핵심되는 구원행위를 함축적으로 기술하며 사도 공동체 안에서 그리스도 찬가로서 생생하게 살아 있던 구절이 있다. 이 본문은 마케도니아 도시인 필립비에 사는 그리스도인들에게 보내는 사도 바울로의 편지에 담겨 있는데 다음과 같다:

> 그분은 하느님의 모습을 지니셨지만
> 하느님과 같음을 노획물인 양 중히 여기지 않으시고,
> 도리어 자신을 비우시어

종의 모습을 취하셨으니
사람들과 비슷하게 되시어
여느 사람 모양으로 드러나셨도다.
자신을 낮추시어,
죽음, 곧 십자가의 죽음에 이르기까지 순종하셨도다.
그러므로 하느님께서는 그분을 지극히 높이시어
어느 이름보다도 빼어난 이름을 그분에게 내리셨도다.
그리하여 예수의 이름 앞에
천상 지상 지하계 모두가 무릎을 꿇고,
모두 입을 모아 예수 그리스도는 주님이시라고 고백하여
하느님 아버지께 영광을 드리게 하셨도다(2.6-11).

이 찬가에서 예수는 단순히 지혜를 가르치는 스승이나 불의나 위선에 대항하는 용감한 투사가 아니었음이 분명해진다. 아울러 예수는 현대적인 표현으로 사람들이 일컫는 사회혁명가도 아니었다. 오히려 그분은 인간이 되신 하느님의 사랑으로, 하느님과 본질이 같으신 하느님의 아들이었으며 아버지의 구원의지와 온전히 하나되어 인류의 죄를 위해 스스로 희생양이 되신 분이다. 고통과 십자가 죽음 안에서 스스로를 바친 예수의 희생은 인간을 하느님과 새롭게 결합시키는 구원하는 제사가 된다. 이것은 성령 안에서 아들을 통하여 하느님의 사랑을 일으키며 지난날의 모든 경신례적 제사를 폐기시키는 새로운 계약의 유일한 제사이다. 천상 아버지께 내적으로 희생을 바침으로써 예수의 이 사랑의 희생에 동참하는 사람은 삼위일체이신 하느님의 공동체에 받아들여진다. 그에게는 죄의 저주와 그로 인해 주어진 하느님으로부터의 이탈이 극복된다. 그는 교회의 노래가 표현하는 바를 기쁜 마음으로 고백할 수 있다.

> 우리는 더 이상 버려진 죄인이 아니라네
> 구원된 그리스도인이여, 기뻐하라
> 그리스도 안에서 우리는 하느님의 자녀들이며
> 하늘나라의 한몫을 차지한다네(「마인쯔 성가집」 916).

바로 여기서 십자가상 예수의 죽음은 복수심에 불타는 하느님의 분노를 진정시키기 위해 필요했을 것이라는 오해를 불러일으킴에 틀림없다. 하느님은 인간의 피로써 자신의 복수심을 만족시키는 무정한 폭군이 아니다. 하느님의 거룩함은 죄와는 대립해 있지만 그러나 하느님의 본질은 죄에 직면해서도 불같은 분노가 아니라 끊임없는 사랑이다. 예수님 스스로 그렇게 말씀하신다: "과연 하느님께서는 이 세상을 이토록 사랑하시어 외아들을 주시기까지 하셨으니 이는 그를 믿는 이마다 모두 멸망하지 않고 영원한 생명을 얻게 하려는 것이었습니다"(요한 3,16).

요한의 첫째 편지에서도 비슷한 내용이 언급된다: "하느님의 사랑은 우리 가운데에 이렇게 나타났습니다. 곧 하느님께서는 당신의 외아들을 세상에 보내 주셨으니, 그것은 우리가 그분으로 말미암아 살도록 하시려는 것이었습니다"(4,9).

이 말씀과 그밖의 성서 구절에서 "그러므로 십자가에서 마찬가지로 아들을 통하여 성부의 자기희생도 동시에 이루어지며 또한 성부께 향하는 인간을 위한 성자의 자기희생이 이루어진다. 성부의 아들은 멀리 떨어져 계시는 하느님께 속죄하고 그분의 분노의 불꽃을 끄기 위하여, 그때문에 죄악의 죽음을 맞이할 필요는 없었다. 중요한 것은 인간이 하느님을 통해서만 하느님과 화해될 수 있다는 점이다"(Müller 159). 그러나 하느님의 아들은 벗을 위해서만이 아니라(요한 15,13 참조) 오히려 하느님의 적을 위하여 자신의 생명을 바침으로써 하느님과의 사랑의 일치 안에서 이 화해를 일으키셨다. 여기서 인간을 향하는 하느님의 놀라운 사랑이 더 이상 능가할 수 없는 방법으로 드러났다.

이 핵심되는 구원행위를 제2차 바티칸 공의회는 수많은 곳에서 그리스도의 파스카 신비mysterium paschale라고 부른다. 공의회의 첫번째 문헌인 「전례헌장」에서 벌써 이 표현은 일곱 번이나 등장한다. 공식적인 독일어 번역은 이 라틴말 단어가 의미하는 내용을 분명하게 드러내지 못할 것이라는 우려에서 아마도 독일어로 옮기려 하지 않은 것 같다. 실제로 신비mysterium는 "비밀" 또는 "불가사의"라는 뜻을 가진 게하임니스Geheimnis라는 독일어보다는 더 많은 뜻을 포함하고 있다. 여기서 신비라고 번역하는 Mysterium은 모든 이해를 뛰어넘는 인간에게 향하는 은총 가득한 하느님의 활동을 뜻한다. 이 신비는 전례적인 의미에서 측량할 수 없는 하느님의 구원행위를 의미한다. 파스카Pascha라는 말은 그리스-라틴어로서 히브리말(페사)에 그 뿌리가 있다. 이는 글자 그대로 건너감, 지나감을 뜻한다. 예수의 자기 비움과 수난, 십자가의 죽음을 통하여 부활에로 건너감, 지나감을 의미한다. 예수는 인류에게 암흑에서 빛으로, 죽음에서 생명으로, 죄의 종살이에서 하느님 자녀의 자유에로 건너가도록 길을 열어놓으셨다.

이 파스카의 가장 큰 구약성서 표상은 에집트 종살이에서의 해방이었다. 징벌의 천사가 이스라엘인 집들을 지나가고 홍해 바다를 건너가며 궁핍한 가운데 광야를 유랑하여 마침내 약속된 땅에 들어선다.

그리스도의 파스카 신비는 일회적이며 역사적인 사건이었다. 그것은 과거사에 관한 한 그러하다. 역사적 사건들은 때때로 오랫동안 지속하는 영향을 끼치지만 그러나 현재에 뿌리를 가지게 하지는 못한다. 그리스도의 파스카 신비는 이와 전혀 다르다. 공동체가 최후만찬 때의 "너희는 나를 기념하여 이를 행하여라"라는 예수의 명을 따를 때마다 파스카 신비는 성사적 표지의 너울 아래 실제적인 현재가 된다. 그뿐 아니라 현양된 그리스도는 자신의 희생적인 사랑과 수난의 순종, 구원의지와 모든 인간을 위한 전구와 더불어 현존한다. 그분은 새로운 계약의 대사제로서 우리를 위해 바치신 몸과 우리를 위해 흘리신 피와 함께 빵과 포도주의 볼 수 있는 표지 아래 현존하신다. 이처럼 감사기도는 단지 관념상의 회상이나 지나간 구원행위에 대한 단순한 기념이 아니라, 구원을 이루시는 그리스도와의 실제적 만남이다. 이는 트리엔트 공의회가 중단없는 신앙의 전승과 관련하여 정립하듯이 그리스도의 유일한 제사이며 그 현재화이다. 이것과 함께 동시에 "적용"$_{Applicatio}$, 곧 예수의 바침에 자신을 끌어들이는 모든 사람에게 주어지는 구원 열매의 내적 연결이 이루어진다.

이 신앙의 신비를 구체적으로 설명하는 데 아마도 다음의 두 가지 비교가 도움이 될 수 있을 것이다:

우리의 태양은 모든 시대와 대륙에, 도시와 마을에 자신의 충만한 빛을 끊임없이 비추고 열 에너지를 발산한다. 태양은 이미 수백만 년 전부터 자신의 열과 빛을 소모하지 않고 광채를 줄이지도 않으면서 그렇게 해오고 있다. 그렇듯이 그리스도는 파스카 신비와 함께 새로운 형태의 구원의 태양이 되신다. 믿는 이들의 공동체가 그분의 희생제사를 기념하기 위해 모이고, 그뿐 아니라 신앙과 사랑 안에서 자신을 여는 그 어디서나 이 구원의 태양은 빛을 밝게 비춘다. 여기서 "사실 둘이나 셋이 내 이름으로 모여 있는 거기 그들 가운데 나도 있습니다"(마태 18,20)라고 하신 그분의 약속이 이루어진다.

로마 카타꼼바의 벽화에서 한 남자가 지팡이를 들고 암벽을 내리치자 샘이 솟아나는 그림을 볼 수 있다. 이 남자는 먼저 이스라엘의 광야 유랑 때 하느님의 능력으로 이 기적을 일으킨 모세를 의미했다. 그러나 믿는 이들에게 모세는 신약의 하느님 백성 지도자이신 그리스도를 예시하는 전표이자 초상일 따름이었다. 그리스도는 골고타 산에서 구원의 샘을 솟게 하셨으며, 공동체가 성찬례를 거행하기 위해 모이는 어디서나 샘을 열게 하신다.

그리스도 희생제사의 성사적 현존은 "신앙의 신비"Mysterium fidei이기에 신앙인들에게만 이해될 수 있다. 신앙의 눈으로 이 구원의 사건을 깊이 생각하는 사람이라면 지난날의 신앙인들이 다양한 방법으로 이 감추어진 신비를 특별한 표지로 강조하고 중히 여기려 했다는 데에 놀라지 않는다. 그 예로서 촛대잡이의 입장, 분향, 성찬 제정, 축성문 후의 성체와 성혈의 거양, 다성부 합창과 악기 연주, 또한 흠숭 표시로서의 장궤, 깊은 절, 십자성호와 가슴치기, 거룩한 침묵 그리고 동방에서 성화벽(이코노스타세) 뒤에서의 "놀랄 만한 신비"에 대한 두려워하는 감추임, "거룩한 문"을 들 수 있다.

이러한 공경의 형태들은 그 시대와 결부된 신심의 표현이며, 따라서 바뀔 수 있다. 특히 일부는 성찬례 신비에 대한 불완전하고 잘못 역점을 둔 이해에 기인하기 때문에 이들을 모든 시대에 유효한 법으로 이해해서는 안된다. 중요한 것은 모든 시대에 유효한 신앙의 척도와 성부께 향한 그리스도의 사랑의 헌신에 자신을 동참시키려 하는 준비성이다.

교회의 제사로서의 성찬례

인간과 맺은 하느님의 새 계약 안에서는 세상의 죄를 없애는 단 한 번의 제사, 곧 그리스도의 제사가 있을 뿐이다(참조: 로마 6,10: 히브 9,2 이하: 10,10: 1베드 3,18). 구약의 경신례적 제사 규정은 폐기된다. 수많은 전례 문헌에서 되풀이해서 표현할 뿐 아니라 트리엔트 공의회의 고유 교의에서도 선언했던 것처럼(1562년 22회기, 1조) 이제 어떻게 해서 성찬례가 교회의 제사로 불리어질 수 있느냐는 문제가 제기된다. 빵과 포도주의 예물들은 우리가 이미 예물 준비라는 단원에서 살펴본 것처럼 제사가 될 수 없다. 왜냐하면 그것들은 하느님께서 우리 인간에게 다가오시는, 시편의 말씀대로 "주님 것이로다. 세상과 그를 채운 것들"(24,1)로서 가장 훌륭한 하느님의 선물이기 때문이다. 성서에서 그렇게 뚜렷이 증언한 그리스도 제사의 유일회성과 고유함을 문제삼는 것이 공의회의 의도일 수는 없다. 성찬례는 그러므로 빵과 포도주의 식사 형태 아래에서 성사적 현존이 되는 단 한 번의 그리스도 제사와 하나됨으로써만 제사가 될 수 있다. 이제 교회는 성찬례 안에서 자신을 바치신 그리스도의 내적 희생에 동참하여, 그분과 내적으로 연대함으로써 그리스도의 몸으로써의 교회는 그분과 함께 성부께 자신을 봉헌한다. 참된 제관은 바로 그리스도이시며, 그분은 그러나 그리스도의 몸인 교회와 하나되어 계시다. 마찬가지로 그리스도는 자신이 희생제물이며 당신의 신비체인 교회와 하나된 가운데 스스로 희생제물이 되신다. 그리고 그런 점에서만 우리는 성사적으로 현존하는 그리스도의 제사를 교회의 제사라고 부를 수 있다.

이같은 제사 이해가 교회의 교도권의 가르침에 조금도 벗어나지 않는다는 점을 1967년 5월 25일 경신성성의 「성체신비 거행과 공경에 관하여」 Eucharisticum mysterium 라는 훈령이 증명한다. 이 훈령의 일러두기(3C)에서 제2차 바티칸 공의회의 여러 다른 문헌들과 관련하여 다음과 같이 밝히고 있다:

> 미사로써 이루어지는 성찬례는 그리스도의 행위일 뿐 아니라 또한 교회의 행위이기도 하다. 성찬례 안에서 그리스도는 십자가상에서 완성하신 제사를 피흘림 없는 방법으로 수세기를 통하여 영속시키시며 사제들의 직무를 통하여 세상의 구원을 위해 자신을 성부께 봉헌하신다. 그리스도의 정배이며 그의 봉사자인 교회는 그와 결합하여 사제요 제물로써 성부께 그리스도를 봉헌하며 동시에 그와 더불어 자신을 전적으로 봉헌한다.

교회는 그리스도와 함께 하나된 하느님의 백성으로서, 모든 세례자와 견진자들이 완전한 방법으로 이에 속한다. 모든 그리스도인 각자의 과업은 이제 그리스도의 희생과 하나된 자기희생을 통하여 교회의 자기봉헌과 결합시키는 데 있다. 그러므로 미사는 교회의 제사일 뿐 아니라 모든 성찬례 참여자의 제사이기도 하다: "신자들은 티없는 제물을 사제의 손으로뿐 아니라, 사제와 함께 봉헌하면서 자기 자신을 봉헌하는 것을 배워야 하며, 그럼으로써 중재자이신 그리스도를 통하여 하느님과의 일치, 또 자기들 상호간의 일치가 날로 긴밀하게 되어, 하느님이 모든 것 중의 모든 것이 되시도록 해야 한다"(「전례헌장」 48항).

로마 교회 공동체에 보내는 사도 바울로의 적극적인 권고도 이런 의미에서 이해해야 한다: "그러므로 형제 여러분, 나는 하느님의 자비로 말미암아 여러분을 격려합니다. 여러분은 여러분의 몸을 하느님께 맞갖은 거룩한 산 제물로 바치시오. 이것이 곧 여러분의 정신적 예배입니다"(로마 12,1). 무엇이 이 자기 봉헌에 속하는지는 이어지는 구절에서 밝히고 있다: "이 세상을 본뜨지 말고 정신을 다시 새롭게 하여 여러분의 모습을 바꾸시오. 그리하여 여러분은 무엇이 하느님의 뜻인지, 무엇이 선하고 맞갖고 완전한 것인지를 분간할 수 있도록 하시오"(로마 12,2).

성찬례에 대한 이러한 관점은 갈라진 그리스도인들이 가지는 오해를 불식시키고 서로를 접근시키는 데 적합하다. 이것은 수많은 교회일치 대화와 문헌에서 이미 분명해졌다.

감사기도의 여러 양식

"감사와 성화의 기도인 감사기도 안에서 전 성찬례는 그 중심이자 정점에 이른다"(「총지침」 54항). 감사기도에 대해서는 처음부터 통일된 텍스트가 없었고 여러 가지 양식이 생겨났다. 로마 교회에서 우리에게 전해진 가장 오래된 감사기도는 로마의 사제 히뽈리뚜스에게서 찾아볼 수 있으며 215년경에 기록되었다. 물론 히뽈리뚜스는 자신의 기도를 골격 제시 양식으로 이해했다. 그는 모든 주교들에게 신앙의 전승에 충실히 머무는 한 자유로이 본문을 만들 권리를 명백히 승인한다. 그러므로 그의 양식도 로마 교회 안에서 여러 변형과 첨가를 가져왔으며, 따라서 그 원형을 알아내기란 어려울 수밖에 없다는 점은 그리 놀랄 일이 아니다. 이러한 변형과 첨가는 특히 전례 언어가 그리스어에서 라틴어로 전이되는 시기(4세기 중엽)에 이루어졌고 그런 다음 서서히 고정된 감사기도 양식으로 자리잡았다. 그레고리오 1세 교종(590~604)하에서야 이러한 발전 과정에 분명한 종결을 가져왔다. 이 로마 전문典文은 비록 고스란히 그대로 변함없는 것은 아니지만 제2차 바티칸 공의회까지 대부분 골자가 유지되어 왔다. 미사 전례의 역사는 형태나 단어 선택에 있어서 교회 당국 편에서의 어떤 변경들은 그리스도의 설정과 모순되지 않는다는 점을 명백히 보여준다.

8세기 이후 전문canon(성찬기도)은 "거룩하시도다" 이후에 비로소 시작된다고 하는 견해가 생겨난다. 이렇게 생각하게 된 것은 이어지는 기도(Te igitur)의 첫 철자가 대문자로 그려졌으며 후에는 수서手書와 책들에서 이 자리에 한 페이지 전체가 십자가 그림으로 채워졌기 때문이다. 이런 방법으로 감사송과 거룩하시도다가 경계지어짐으로 인해 이 감사기도 안에서의 감사하는 찬미·찬송이 최소로 축소되었다. 이는 분명 감사기도의 가장 큰 손실이었다.

제2차 바티칸 공의회 후 수많은 간구기도들과 너무 나약하게 표현된 찬미와 감사 요소를 가진 이 로마 전문을 개혁하려고 시도했을 때 이 의도는 거의 불가능한 것으로 여겨졌다. 이에 교종 바오로 6세는 1968년 약간 보강한 로마 전문에 새로운 세 개의 감사기도를 만들자는 제안에 동의하였다. 이로써 1970년의 새 로마 경본은 네 개의 감사기도를 가지게 된다.

감사기도 제1양식 (로마 전문)

약간의 수정(각 기도에서 네 번에 걸쳐 종결양식을 괄호 안에 두고, 성인 호칭 숫자를 줄임)을 제외하면 네 가지 감사기도에 공통되는 통일된 성찬 축성문과 이어오는 기념 환호가 도입되었다. 예절상의 변경에 관해서는 과거에 25번에 걸친 십자성호를 단 한 번으로 축소시켰으며 감사기도중에 행하였던 두 번에 걸친 제대 친구도 생략했다.

감사기도 제2양식

이 양식은 히뽈리뚜스의 감사기도를 수정·변형시킨 것으로서 원문에 빠져 있는 "거룩하시도다"와 성령께 간구하는 축성 기원 Epiclesis을 도입하고 원문의 순서를 바꾸었다. 원문을 고려하여 이 양식을 순교자 시대의 감사기도라고 이름하였다.

감사기도 제3양식

 이 양식은 이탈리아 베네딕도회 사제요 로마 성 안셀모 전례연구소 교수였던 치쁘리아노 바가지니의 초안에 기초한 것으로서, 완전히 새로운 창작품이다. 이 양식은 무엇보다도 로마 전문을 참고했을 뿐 아니라 전례적이고 신학적인 전통에서 사상과 본문을 계승함으로써 구조적으로 그리고 일목요연한 방법으로 접합시켰다는 데서 특징지어진다. 이 양식은 고유 감사송이 있다.

감사기도 제4양식

 이 감사기도는 동방교회의 전통(안티오키아의 사도 규범과 비잔틴 예식의 바실리오 전례)과 강하게 연결되어 있다. 이 양식은 다른 것으로 바꿀 수 없는 감사송을 가지고 있으며, 하느님의 구원행위에 대한 찬미와 감사로 시작하여 "거룩하시도다"를 뛰어넘어 그리스도의 파스카 신비까지 그리고 성령 파견까지 감사를 계속한다. 여기 찬미의 감사에서 감사송은 성령 임재 간구를 넘어 성찬 축성문까지를 이끌어 낸다. 구원 역사에 대한 이같은 포괄적 찬미는 마치 온 그리스도교 신앙에 대한 찬양 형태의 신앙고백과 같다. 이 감사기도가 바람직하지 못한 중복으로 여겨진다면 이 감사기도를 사도신경이 있는 미사로 여기면 될 것이다.

 이 세 가지 새로운 감사기도 외에도 1975년 이래 독일어권 지역에서는 아동미사를 위한 감사기도와 "화해"라는 주제의 감사기도가 더 있다. 스위스와 오스트리아는 "화해"라는 주제에 또 다른 감사기도를 가지고 있다. 스위스에서는 추가로 자기 나라 시노두스(1974)를 기하여 다른 몇몇 나라에서 넘겨받았던 네 가지 다양한 주제의 감사기도가 있다. 1970년에는 언어를 단순한 형태로 한 감사기도가 나왔는데, 이는 정신장애자를 위한 미사에도 적합하다.

공식적인 감사기도들 외에도 1967년 이후부터 수많은 개인적인 출처의 감사기도가 나왔는데, 특히 네덜란드에서 시작하여 폭넓게 퍼져나갔다. 주교들은 이를 여러 번 금지시켰으며, 다른 한편 새 감사기도를 위한 로마의 인준을 간청하기도 했다. 1973년 4월 27일에 나온 경신성성의 회칙은 각국 주교회의에 단지 새 감사송과 삽입문을 인준하고 확인하는 가능성만을 인정하였다.

분명코 어느 시대에나 살아 있는 신앙의식과 자기들의 언어로 하느님께 드리는 찬미를 선포하는 권리를 승인해야 할 것이다. 다른 한편 그리스도교 전례의 "중심이자 정점"이 시대 조건에 따른 일방성과 주관적 성향으로 인해 변질되지 않기 위해서는 교회의 지도를 통한 인준은 필요한 도움이 된다.

감사기도의 중요 요소

감사기도의 본질과 역사적인 구체화 과정에서 이 기도의 중요한 요소들이 드러난다. 「미사경본 총지침」(55항)은 그 요소들을 감사송, 거룩하시도다, 축성기도(성령 간청기도), 성찬 축성문, 기념, 봉헌, 전구와 마침 영광송으로 부른다. 이 구성 요소들은 미사경본의 네 가지 감사 기도문에서 어떤 형태로 구체화되는지 주의하면서 아래에서 상세히 살펴보게 될 것이다.

감사송

모든 감사기도는 사제와 공동체 사이에 나누는 세 단계의 기도 대화로 시작한다. 이 대화는 이어지는 감사송에만 관련되는 것이 아니라 감사기도 전체와 관련된다. 감사송 본문 안에서 우리는 가장 오래된 유대교와 그리스도교의 기도 자산을 만난다. 본문은 큰 감사와 기념의 출발이자 신호다. 여기에 또한 하느님의 도움도 필요하다. 왜냐하면 하느님 없이는 우리는 아무것도 할 수 없기 때문이다(요한 15,5 참조). 그러므로 사제의 "주님께서 여러분과 함께"라는 기도 원의가 올려지고 마찬가지로 공동체도 자신의 응답으로서 "또한 사제와 함께"를 간청한다. 동방 전례에서 사제는 짧은 "주님께서 여러분과 함께" 대신에 약간 변형된 고린토 후서의 "주 예수 그리스도의 은총과 하느님의 사랑과 성령의 친교가 여러분 모두와 함께"(13,13)라는 종결기도를 바친다.

성찬 전례의 중심인 성체께 나아가기 위해서는 신적 신비에 대한 내적인 개방과 준비가 요구된다. 우리의 경험은 사람은 가장 거룩한 순간에도 가끔 바닥에 집착하는, 다시 말해서 우리의 일상적인 생각과 걱정에 사로잡힌다는 점을 가르쳐 준다. 우리를 붙잡는 모든 사슬에서 자신을 자유롭게 하는 것이 지금 필요하다. 그러므로 "마음을 드높이"Sursum corda라고 외친다. 이미 초세기 그리스도교 신학자들은 이 외침을 대단히 중요하게 여겼다. 이 호소는 사도들의 편지에서도 거듭 요구되는 관점이다(참조: 골로 3,1 이하: 필립 3,20). 공동체의 환호인 "주님께 올립니다"는 하나의 전제조건처럼 마지막 교송기도인 "우리 주 하느님께 감사합시다"에로 이끈다. 창조와 구원에서의 하느님의 크신 업적에 대한 기념은 감사에로 인도한다. 생각하는 사람이 감사하는 법이다. 소공동체나 아이들과 함께하는 미사에서는 참여자들 자신들이 이 자리에서 찬미와 감사의 동기를 낭독할 수 있다. 이와 더불어 완전히 개인적인 신앙 증거를 표현하는 가능성도 주어진다. 감사를 드리자는 권고에 공동체는 초세기에 자주 사용했던 "마땅하고 옳은 일입니다"라는 환호로써 동의한다.

세 단계의 기도 대화에 이어서 첫번째의 찬미와 감사 기도인 감사송 Praefatio 이 따라온다. 이 명칭은 전례적인 이해에 의하면 서문序文 또는 서언序言을 뜻하는 것이 아니다. 오히려 "prae"라는 전철前轍은 여기서 장소적인 의미로 알아들어야 한다. 곧, 하느님과 공동체 앞에서 "사제는 하느님을 찬미하고 구원의 업적 전체나 또는 그날과 축일 또는 전례시기에 적합한 구원활동의 특별한 신비에 대하여 하느님께 감사한다"(『총지침』 55항 a). 그러므로 감사송은 감사기도의 중심 요소인 감사를 담고 있으며, 그것은 선행하는 대화의 마지막 말인 "마땅하고 옳은 일입니다"에서 정당성을 가진다.

서방교회의 가장 오래된 성무집전서(『베로나 성무집전서』, 550년경)에는 모든 미사를 위한 고유의 감사송이 도합 267개나 수록되어 있다. 그 가운데는 온갖 잡동사니가 많아서 그레고리오 대교종(590~604)은 과감하게 생략하기로 결정한 결과 그 중 열네 개만 남게 되었다. 카롤링거 왕조 시대에는 그 숫자가 일곱 개로 감소되었다. 1000년대 전에는 십자가 감사송과 삼위일체 감사송과 사순시기 감사송이 첨가되었고, 11세기 말경에는 마리아 감사송이 덧붙여졌다. 20세기에 와서는 이제까지의 열한 개 감사송에 다섯 개가 더 첨가되었다(위령 감사송, 1919년의 성 요셉 감사송, 1925년의 그리스도왕 대축일 감사송, 1928년의 예수 성심 대축일 감사송 그리고 마지막으로는 성 목요일의 성유축성 미사 감사송). 1968년 경신성성은 세 가지의 새로운 감사기도와 함께 또 다른 새로운 여덟 개의 감사송을 공포했다. 1970년의 로마 미사경본은 마침내 그 숫자를 80개 이상으로 늘였다.

모든 감사송은 세 단계로 구성되어 있다. 도입, 그때마다의 미사에서 특별히 감사하는 구원 업적에 대한 찬양 표현, 그리고 공동체 노래인 "거룩하시도다"에로의 인도 등이다. 만일 모든 감사송의 중간 부분들을 종합해 본다면 비록 충분하지는 않더라도 하느님의 구원행위에 대한 완전한 개관이 밝혀지고 그와 더불어 그리스도교적 삶을 비추는 신앙 자산 전체가 드러나게 될 것이다. 여기서 중요한 것은 하느님의 구원행위에 대한 실질적인 선포이다. 그러므로 과거에(소위 침묵미사에서) 대부분 이해할 수 없는 라틴어를 사용하고 또한 목소리를 최대한 낮추어 기도하게 했던 이중 은폐 규정은 분명히 사목상 커다란 손실이었다. 1965년 이후부터는 감사기도 전부를 큰 소리로 바칠 수 있게 되었고, 1967년 이후부터는 또한 모국어로 바칠 수 있게 되었다.

각 미사에서의 감사송 선택에 관해 언급하자면, 감사기도 제4양식만이 교체될 수 없는 감사송을 가지고 있다. 감사기도 제1양식과 제3양식은 고유 감사송이 없다. 그러므로 고유미사(축일들, 특별시기, 성인 기념일들)가 아닌 한 특정 감사송을 규정하고 있지 않기 때문에 자유로이 선택할 수 있다. 이것은 감사기도 제2양식에도 적용된다. 이에 대해 「총지침」은 아래와 같이 밝히고 있다: "제2 감사기도는 … 고유 감사송이 붙어 있지만 다른 감사송과 같이 구원의 신비를 종합적으로 내포하는 감사송들과 같이 사용할 수 있다"(322항 b). 「총지침」 322항 e도 언급할 만하다고 여겨진다: "고유 감사송을 가진 감사기도는 시기 감사송 de tempore을 바쳐야 하는 날에도 그 대신 고유 감사송과 함께 사용할 수 있다."

거룩하시도다

감사송의 중간 부분들은 하느님의 구원행위에 대해 보고하는 데 비해 감사송의 마지막 문장은 성찬 전례 공동체가 천사들의 무리와 함께 주의 영광을 찬송하는 "거룩하시도다"로 인도한다. "거룩하시도다"는 두 군데 성서 구절에 긴밀히 의존하는 두 가지 본문 부분으로 이루어져 있다.

첫 부분은 이사야 예언자의 부르심(召命)과 연결되어 있다. 예언자 이사야는 환시를 통해 어좌에 앉아 계신 하느님과 그 주위에 여섯 날개를 가진 세라핌 천사가 시립하여 "거룩하시다, 거룩하시다, 거룩하시다. 만군의 야훼 그의 영광이 온 땅에 가득하시다"(이사 6,2-3) 하고 서로 주고받으며 외치는 것을 본다.

둘째 부분은 마태오 복음이 제공하는 예수님의 예루살렘 입성 때(주의 수난 성지주일)에 군중이 외쳤던 환호를 인용한다: "다윗의 아드님께 호산나! 주님의 이름으로 오시는 분은 축복받으소서. 지극히 높은 곳에서 호산나!"(21,9).

"거룩하시도다"는 이처럼 성서 자산에 기원을 두고 있다. 그 첫째 부분은 그 영광이 하늘과 땅에 가득한 지극히 거룩하신 하느님께 올리는 경배이다. 둘째 부분에 나오는 "호산나"라는 히브리 말을 복음서에서는 번역하지 않고 그대로 사용하는데, 원래 "도와 주소서"를 의미하지만 "거룩하시도다"의 본문 안에서와 마찬가지로 이미 오래 전부터 하느님께 올리는 환호성과 찬양의 외침이 되었다. "지극히 높은 곳에서"라는 말과 결합하면 이는 "하늘 높은 데서는 하느님께 영광"(대영광송)을 분명하게 상기시킨다.

이 경배의 외침은 "주님의 이름으로 오시는 분"인 하느님의 아들에게도 적용된다. 그분의 오심은 성찬례 안에서 구원을 가져오는 현재가 된다: 그분은 오셨을 뿐만 아니라 그리고 미구에 오실 뿐만 아니라 이 시간에도 오신다.

"거룩하시도다" 환호의 전례적 행위에 관해서는 옛 전통과 일치하는 「총지침」 55항 b의 규정이 적용된다: "공동체 전체가 천상 천사들과 성인들과 결합되어 '거룩하시도다'를 노래하든지 읽는다. 이 환호는 감사기도의 일부로서 모든 교우들이 사제와 함께 바친다."

안타깝게도 많은 공동체에서는 이 오래되고 고귀한 본문을 읽거나 노래하지 않고 대신 "거룩하시도다"와 관련된 성가로 대체한다. 이같은 성가 대체에 대해서 새로운 미사경본의 홍주 지침은 아래와 같이 말하고 있다: "'거룩하시도다'는 세 번에 걸친 '거룩하시도다' 환호로 시작하고 내용이 '거룩하시도다'에 상응하는 성가를 통해서만 대체될 수 있다"(미사경본, 353쪽). 그러므로 다른 애호성가를 선택하는 것은 결코 허용되지 않는다. 만일 고정적인 성가 대체로 말미암아 신자들의 의식에서 이 성서적 찬미가가 그 본문 형태 안에서 사라져 버린다면 그것은 분명 전례적으로나 사목적으로 큰 손실이 될 것이다.

중세 말엽에 더 다양한 멜로디가 발달하고 마침내 상당히 긴 다성부 곡들이 생겨났을 때 사제는 "거룩하시도다"가 노래불리는 동안 감사기도를 낮은 목소리로 계속했고, 심지어는 성찬 축성문조차도 거양성체와 이어 오는 부분들과 함께 노래 속에 묻히게 되는 남용이 생겨났다. 그러므로 주교예식서는 1600년 거양성체를 첫번째 "호산나"가 끝난 후에야 거행할 수 있고, 이어지는 베네딕뚜스는 거양성체가 끝난 후 노래해야 한다고 규정했다. 그같은 "거룩하시도다" 환호의 잘못된 분리는 전례 개혁 이래 감사기도를 큰 소리로 낭송하기 때문에 더 이상 허용되지 않는다.

감사기도 제1양식과는 달리 새 감사기도들은 그 다음 기도에 유기적으로 이어진다. 사람들은 이 부분을 "거룩하시도다" 이후 부분Postsanctus이라고 부른다. 감사기도 제2양식 안에서 이 부분은 단 한 문장으로 이루어져 있다: "거룩하신 아버지, 아버지께서는 모든 거룩함의 샘이시옵니다." "거룩하시도다" 이후 부분이 더 풍성한 것은 "그들로 하여금 해돋이에서 해넘이까지 깨끗한 제물을 주께 드리게 하기 위해"(말라 1,11 참조) 생명과 은총으로 채워진 창조와 새로운 하느님 백성의 모임을 관련시킨 감사기도 제3양식이다. 감사기도 제4양식에서는 하느님 찬미가 "거룩하시도다" 이후 소상하게 계속된다.

독일어판 미사경본은 감사기도 제1~3 양식 안에서 "거룩하시도다" 이후 그때그때의 축제 신비를 특별히 생각하는, 그러니까 특정한 구원행위를 찬양하고 감사송과 "거룩하시도다" 안에서 하느님 찬양을 유기적으로 확장시키는 수많은 삽입기도(15개)를 담고 있다. 이에 반하여 로마 미사경본은 옛 로마 전문 안에서 그리고 지금의 감사기도 제1양식 안에서는 성인 기념과 연결되어 다섯 개의 그같은 축제 암시만을 알았고 알고 있을 뿐이다.

　독일어판 미사경본 안에서의 삽입기도들에 대한 허락은 로마 경신성성에서 1973년에 주어졌다.

축성 기원

그리스어에서 유래한 이 말(Epiclesis consecrationis)은 사물이나 사람 위에 하느님, 특별히 성령이 임하심으로써 거룩해지기를 기원하는 의미를 가지고 있다. 미사의 감사기도 안에서 이 기원은 빵과 포도주의 변화를 간구하는 간청으로서 감사기도 제2양식과 제3양식에서는 "거룩하시도다" 이후 바로 연결되어 있다. 감사기도 제1양식에서도 기도문 안에서 성령이 직접적으로 언급되지는 않더라도 바로 성찬 축성문 앞에서 이 기원을 알아차릴 수 있다. 감사기도 제4양식 안에서 이 축성 기원은 구원사에 대한 제법 긴 찬양과 "세상에서 당신 사업을 완성케 하시고 거룩하게 하는 일을 마치신" 성령의 파견에 대한 언급이 있고 난 후에야 이어진다. 그러니까 하느님은 성령을 통하여 변화의 기적을 완성하시는 분이다. 이렇게 이해된 축성 기원은 "마치 인간의 행위나 또는 능력이 성찬의 예물들을 만들어 낼 수 있는 것 같은 모든 주술적인 혐의를 없애준다"(Probst 292). 그러므로 "사제의 변화 권한"이란 말도 크게 제한시켜서만 사용할 수 있다. 왜냐하면 사제는 교회의 파견 안에서 말하는 감사기도를 통해서 신적 권능의 일을 위한 전제조건만을 행하기 때문이다.

대부분의 동방 전례에서 예물 변화를 간청하는 이 축성 기원은 성찬 축성문과 기념 이후에 말해진다. 이 차이에서 중세 초기 이후부터 격론이 불붙기 시작했다. 서방교회 신학은 예물의 변화는 성찬 축성문을 통해서만이 이루어진다는 견해를 대변했는 데 비해, 동방의 견해는 그 마지막 말인 "… 당신 성령을 통하여 이 예물을 변화시켜 주소서"라는 말 안에 있는 축성 기원에 두었다. 오늘날 적어도 서방교회 안에서는 첫 4세기 때와 마찬가지로 새로이 감사기도의 통일을 더 크게 강조함으로써 이 논쟁의 뇌관을 빼기 시작한 것처럼 보인다.

서방교회의 축성 기원문의 마지막 말들은 예물 위에 두 손을 펼치고 축복 표지의 십자표를 긋는 축복의 손짓을 요구한다.

성찬 제정 및 축성문

성찬 제정 및 축성문은 예수의 최후만찬 때 성체성사의 기원과 가장 밀접히 관련되어 있는 감사기도의 본질적인 부분이다. 이미 이 책의 첫 단원에서 서술한 것처럼 신약성서 안에서는 이 사건에 관한 네 가지 표현양식이 있다(16-17쪽). 로마 전례에서 사용하는 본문이 성서의 본문과 글자 그대로 일치하지 않는다는 사실에 놀랄 사람이 많을지 모른다. 융만 같은 저명한 학자들은 다음과 같은 인식에 도달했다: 전례상의 성찬 제정 및 축성문은 신약성서 본문보다 훨씬 오래된 것이며, 따라서 온전한 원래의 전통에 기원을 두고 있다: "성찬례는 복음사가들과 바울로가 성서를 집필하기 전에 이미 오랫동안 거행되어 왔다는 사실이 밝혀졌다. 이 사실에서 성찬 축성문에 대한 성서 본문들의 상이성이 설명된다. 우리들은 이들 안에서 첫 세대 그리스도인들 전례생활의 드러난 한 단면을 본다"(Jungmann, Missarum II, 244).

그러나 1세기의 전례 문헌들은 아직 매우 유동적이었기 때문에 나중에 와서야 상이한 성서의 성찬 제정 및 축성문과 부분적으로 일치되었다는 사실이 밝혀졌다. 이 점은 동방 전례에도 마찬가지로 적용된다. 이를 보면 첫 세기의 그리스도인들에게는 고정된 문장 구조나 용어가 중요한 것이 아니라 내용상의 일치가 더 중요하게 여겨졌음을 알 수 있다. 그렇기 때문에 동방에서는 각각의 전례에 있어서 축성문 작성의 상이성에 대해 한 번도 충돌하지 않았으며 그의 허락이나 유효성을 의심하지 않았다.

성찬 제정 및 축성문의 본문들은 로마 미사경본의 네 가지 감사기도 안에서도 서로 달랐다. 이에 반해 모든 감사기도에서 성찬 축성문들은 동일해야 한다는 것이 교종 바오로 6세의 특별 원의였다: "너희는 모두 이것을 받아 먹어라 …"; "너희는 모두 이것을 받아 마셔라 …". 덧붙여서 "신앙의 신비여"Mysterium fidei라는 표현도 옛 로마 전문에서 찾아내었다. 사제는 성작 거양 후 이어지는 공동체의 기념 환호를 인도하는 말로서 "신앙의 신비여"를 말한다. 이 기념 환호에 대해서는 후에 언급될 것이다.

서방교회 전통과 상응하여 「미사경본 총지침」도 성찬 축성문은 고유한 축성 요소로 간주되어야 한다는 해석을 확고히한다: "그리스도께서 최후만찬 때에 제정하신 제사는 그리스도의 말씀과 행위로써 이루어진다. …"(55항 d). 이에 대해 더 분명히 언급하는 곳은 추가로 보완한 「총지침」의 머리말 3항이다: "성체 안에 주님이 실제로 현존하신다는 놀라운 신비도 … 그리스도께서 본체적 변화로 현존하시는 성체 축성의 말씀으로서뿐 아니라, 미사 전례중에 나타나는 최상 공경과 흠숭의 행동과 뜻으로도 다시 확인되는 것이다. …"

축성의 말씀 순간에 변화된다는 확정은 무엇보다도 예물의 변화는 축성 기원(에피클레시스)을 통하여 이루어진다는 신념을 대변하는 로마와 결합된 동방 전례에 속한 교부들의 동의를 얻지 못하였다. 앞에서 이미 언급하였듯이 논쟁의 여지가 있는 문제는 감사기도의 성격 전체를 고려함으로써만 해결된다(122쪽).

가장 오래된 축성된 예물의 거양은 로마 예식에서는 오늘날에도 여전히 통상적이듯이 마침 영광송 Doxologia을 바칠 때 행해졌다. 오늘날 통상적으로 하는, 성찬 축성문이 끝난 후 바로 성체를 거양하는 관습은 1200년경에야 비로소 생겨났다. 이같은 예식의 동기는 축성된 성체를 바라보는 데서 특별한 축복을 기대했던 중세기 신앙인들의 강렬한 현시 욕구에 있었다. 성작 거양은 훨씬 후에 생겨났고 비오 5세 미사경본(1570)이 나옴으로써 일반적 규정이 되었다. 성찬 제정 및 축성문 직전과 성체와 성혈의 거양 동안에 종을 울리는 관습은 의무규정은 아니지만 허용된다(「총지침」109항). 거양 전과 후에 사제가 하는 경배의 몸짓인 장궤는 1500년경에 와서 시행되었다. 새 규정은 거양 후의 장궤만을 알고 있을 뿐이다.

격렬한 논쟁점은 많은 자국어 미사경본에서 성찬 제정 및 축성문의 번역으로 인해 해소되었다(예를 들면 독일어, 영어, 이탈리아어 미사경본). 라틴어 미사경본에서는 그리스도의 피가 "너희와 많은 이들을 위하여" pro multis 흘린다고 표현한 데 비해 자국어 미사경본들에서는 "너희와 모든 이를 위하여"라고 표현한다. 많은 이들은 이 변경을 라틴어 미사경본의 중대한 변조로 보아 그러한 미사의 유효성을 문제삼기까지 하였다. 이에 대해서는 성서의 정언과 교회의 신앙 교리에 따르면 그리스도 안에서 그리고 그리스도를 통하는 하느님의 구원의지는 보편적이며, 자신의 피가 모든 이를 위해 흘리는 것이 그리스도의 의도였다는 점을 언급해야 한다. 이는 예를 들면 로마 8,32; 2고린 5,14 이하; 1디모 2,6; 1요한 2,2 에서 명백히 드러난다. 요한 복음 6,15도 성찬례 설교에서 그에 상응하는 암시를 주고 있다. 그런만큼 "모든 이를 위하여"라는 번역은 정통신앙에 전혀 위배되지 않는다.

마르코가, 또 그와 연계된 마태오도, 잔에 대해 "많은 이들을 위하여"라고 기술하는 것은 히브리어와 아라메아어의 언어적 특수성과 관련되어 있다. 이 언어들에는 "모든"이라는 단어가 없다. 그렇기 때문에 이들은 "많은"이라는 단어를 "거대한 무리, 전체"라는 의미로, 그러니까 "모든"이라는 뜻으로 사용한다. 그리스어로 저술된 마르코 복음과 마태오 복음은 비록 그리스어가 "모든"이라는 단어를 가지고 있다고 하더라도 히브리어 언어 습관에 아주 밀접하게 의존하고 있다. 그렇다고 이 복음들이 그리스도의 십자가 제사 안에서의 하느님 구원의지가 가지는 보편성을 결코 부인하려 하는 것은 아니다. 로마 5,12-18과 1고린

15,22에서 명백히 입증되듯이 바울로도 "많은"이라는 그리스어 단어를 "모든"이란 의미로 사용한다.

로마 미사경본이 마태오와 마르코에 있는 그리스어 원문에 대한 존경심에서 "많은 이들을 위하여"라는 단어를 보존했다면 이 제한적 표현은 그리스도의 보편적 구원의도보다도 그리스도 제사의 드러나는 효과를 더 주시한다는 점에서 정통신앙에 충실한 것으로 이해된다. 왜냐하면 가톨릭 신앙교리에 의하면 실제로 많은 사람들이 자신의 죄로 인해 구원을 잃어버릴 수 있기 때문이다.

어떻든 자국어 번역에 있어서 "모든 이를 위하여"를 변조라고 여기고 "성찬 축성문"과 그에 따른 미사의 유효성을 문제삼는다는 것은 얼토당토않다.

비록 빵과 포도주의 표지 아래 현존하는 그리스도의 현존 방법에 대한 몇몇 관념들이 제시된 것은 아니라 하더라도 성찬 제정 및 축성문에 관한 앞의 설명은 완전하지는 못할 것이다. 본서는 교의적인 논술을 펼치려는 것이 아니므로, 문제점들과 그 해결 시도를 간략하게 언급할 수밖에 없음에 대해 양해를 구한다.

예수께서 최후만찬 때에 "이는 너희를 위하여 내어줄 내 몸이다" 하고 말씀하신다면 그것은 히브리-아라메아 언어 사용 관습에서는 "이것은 너희를 위하여 바치는 바로 나다"와 같은 의미이다. 성작에 대한 말씀도 "이것은 너희를 위하여 자신의 피를 희생하여 흘리는 바로 나다"와 같은 의미가 된다. 성찬 축성문의 두 가지 의미 설명어는 그러니까 같은 것을 뜻한다: "예수는 당신의 사랑과 헌신을 통하여 이 식사 예물인 빵과 포도주 안에 현존하신다." 그러한 방법으로 그분은 제자들을 자신의 사랑과 희생에로 받아들이고자 하시며 자신도 그들로부터 받아들여지기를 원하신다: "너희는 모두 이것을 받아 먹어라. …; 너희는 모두 이것을 받아 마셔라. …" 성사적인 식탁에서 그분은 제자들과 그리고 우리와 하나가 되고자 하신다.

그러나 어떻게 우리가 빵과 포도주 안에 그분이 현존하신다고 생각할 수 있을까? 가파르나움에서 하신 생명의 빵에 관한 설교(요한 6,32 이하)에서 이미 군중들 사이에는 드러나게 오해가 생겨났다: "이 사람이 어떻게 자기 살을 우리에게 주어서 먹게 할 수 있단 말인가?"(요한 6,52). 아마도 그들은 예수님 육신의 한 조각을 먹고 그 육신의 고동치는 피 한 모금을 마시는 것으로 생각했던 모양이다. 이미 제자들 무리 중 많은 이들이 그랬던 것처럼(6,60-61) 후대에도 더러 그리스도인들이 그런 생각에 사로잡혀 커다란 신앙의 어려움에 봉착했다. 그리스도의 몸과 피에 대한 이러한 감각적 향락의 잘못된 사고를 가리켜 감각주의라고도 했다.

중세기에는 "실체 변화"Transsubstantiation라는 개념으로 이를 설명하려고 시도했다. 즉, 빵과 포도주의 형상(형태)은 그 모든 속성 accidentia과 더불어 그대로 보존되고, 변화되는 것은 보이지 않는 "실체"substantia, 곧 빵과 포도주의 본질이라고 설명했다. 그러니까 본질 변화에 대해 언급했다. 그렇지만 한 사물의 보이지 않는 본질, 곧 그 실체란 무엇인가? 자연과학 교육을 받은 현대인은 한 물체의 실체를 화학적·물리적인 구조, 곧 분리할 수 있는 분자들의 결합으로 이해한다. 그러나 교회의 가르침에 의하면 바로 이것은 변화되지 않는다. 즉, 화학적·물리적 성질은 변화되지 않는다고 보는 셈이다. 그런만큼 실체 변화라는 표현은 오늘날의 신앙선포를 위해서는 사용하기 어렵게 되었다. 오해와 이론異論을 불러일으킬 것이 분명하기 때문이다.

그래서 새로운 신학은 성찬의 신비를 의미변화Transsignifikaion와 목적변화Transfinalisation라는 새로운 개념으로 설명하려고 한다. 빵과 포도주는 그 자연적 의미에 따르면 인간을 위한 음식물이며 인간의 생명을 유지하고 강화하는 목적을 가진다. 성찬의 변화에서 빵과 포도주는 지금까지의 관계구조에서 벗어나 그리스도와의 일치를 위한 매개물이 되며, 그럼으로써 이 자연적 음식물은 새로운 의미와 목적을 가진다. "의미변화는 그러므로 다음과 같은 사실을 말하고자 한다: 빵과 포도주의 표지는 그리스도를 통해 성령의 능력 안에서 다른 표지 기능으로 지정된다. 빵과 포도주는 그리스도로 인해 표지가 바뀌며 우리는 신앙 안에서 이를 알아보고 받아들인다. 이 예물들과 가지는 관련성은 이제 완전히 바뀌었다. 그리스도에 의해 세워진 이같은 표지 성격의 변화를 통해 이 음식은 이제 육신을 위한 식량이나 인간사회를 위한 표현만이 아니라 그리스도 현존의 구체화이다. 이 숙고의 철학적 성향을 진지하게 받아들인다면 의미변화가 실체변화의 보완이 아니라 오히려 동일한 사건의 다른 표현방법임을 알게 될 것이다. … 그러니까 의미변화는 단지 음식의 본질변화가 아니라 성찬례 공동체를 표지하는 신앙적 사건 전체의 본질변화를 의미한다. 성찬은 이제 배불림의 식사(아가페)만이 아니며 인간적인 모임이나 형제애의 표현만도 아니다. 성찬은 의미가 변화되었다. 그러니까 성찬은 이제 우리를 향한 예수 그리스도의 희생을 근거로 우리와 함께하는 예수 그리스도의 사랑의 친교를 드러내는 효과적 표지인 것이다"(Schneider 164f).

아마도 이 해결 시도로도 모든 의문에 만족하는 대답이 되지는 못할 것이다. 성체성사는 아무리 날카롭다는 인간의 이성으로도 그 깊이를 헤아릴 수 없는 "신앙의 신비"로 남아 있다. 그러나 수많은 신학자들의 시험적인 평가는 이 해석을 이 시대에 있어서는 가장 나은 것으로 여기며, 이 해석이 트리엔트 공의회와 교회의 다른 교의 문헌들의 정언定言의 내용에 모순된다고 보지는 않는다.

기념 환호

이제까지의 로마 전문에서는 "거룩하시도다" 후부터 "주의 기도" 전까지의 모든 문장이 사제에게 유보되어 있었던 데 비해, 새로운 「미사통상문」은 성찬 제정 및 축성문 후에 공동체의 기념 환호를 규정하고 있다. 사제는 옛 로마 전문에서 찾아내었던 "신앙의 신비"라는 말로써 기념 환호를 인도하고 공동체는 이에 대해 아래와 같이 응답한다.

> 주님께서 오실 때까지
> 주님의 죽음을 전하며
> 부활을 선포하나이다.

고린토 전서 11,26에 전적으로 의존하는 이 본문으로써 공동체는 감사를 고백하고 그리스도의 위대한 구원 업적, 곧 파스카 신비를 찬양한다. 여기서 그리스도 신비의 잔치는 공동체 전체의 일이라는 사실이 분명해진다. 이와 함께 사제의 독백기도가 바라던 방법으로 풀려지고 그리스도의 구원활동 잔치가 공동체 전체의 일이기도 하다는 점이 분명해진다.

로마 미사경본은 이 기념 환호 본문 외에 두 가지 다른 선택양식도 가지고 있다. 독일어 미사경본도 부록에서 이 양식을 제시하고 있다.

"죽음과 부활로 우리를 구원하신 세상의 구세주여,
우리에게 당신 구원을 선사하소서."

"주님께서 오실 때까지
이 빵을 먹고 이 잔을 마실 적마다
주님의 죽음을 전하나이다."

간청을 곁들인 위의 두 가지 환호는 분명 찬미하는 기념과 관련되어 있다.

기 념

루가(22.19)와 바울로(1고린 11.24 이하)에 나타나는 성찬 제정 및 축성문 안에서는 이 주님의 몸과 피의 만찬을 앞으로도 "그를 기억하기 위해" 행하라는 주님의 명령이 실려 있다. 모든 감사 기도문 안에서 동일하게 표명한 성찬 제정 및 축성문들은 이 명령을 반복한다: "너희는 나를 기억하여 이를 행하여라." 이미 공동체의 기념 환호가 파스카 신비와 재림을 찬양하면서 생각했다면, 이것은 아남네시스*anamnesis*라는 그리스어로 표현되는 이어지는 기도 안에서 다시 한번 이루어진다. 감사기도 제1양식은 수난·부활·승천을, 제2양식은 죽음과 부활을, 제3양식은 수난·부활·승천·재림을, 제4양식은 이에 덧붙여서 "선조들에게로 내려가심"을 그리스도 구원 업적의 특별한 단계로 부른다. 우리가 이 구체화된 기념을 믿는 마음으로 함께 수행함으로써 우리는 우리의 감사와 희망을 새로이 단단하게 하시는 삼위일체이신 하느님의 현존하시고 구원을 주시는 사랑을 언제나 새로이 만나게 된다.

봉헌기도

봉헌기도는 감사기도 안에서 기념과 밀접하게 연결되어 이어지는데, 부분적으로는 제사를 받아들이시기를 간청하는 간구와 결합되어 있다. 이 부분은 로마 전문인 감사기도 제1양식 안에서 가장 상세하게 나타나고 있다:

> 저희는 아버지께서 베풀어 주신 선물 가운데서 이 깨끗한 제물, 거룩한 제물, 흠없는 제물, 영원한 생명의 빵과 구원의 잔을 존엄한 대전에 봉헌하나이다.

이어서 이 제사를 받아들이시기를 간청하는 청원이 따라온다. 여기서 하느님의 마음에 드는 아벨과 아브라함 그리고 멜키세덱의 제사가 언급된다. 계속되는 기도는 이 제물을 천상 제단으로 오르게 하는 거룩한 천사의 모습을 그린다:

> 전능하신 아버지, 간절히 청하오니 거룩한 천사의 손으로 이 제물이 존엄한 천상 제단에 오르게 하소서.

봉헌기도가 가장 간략하게 축약된 것은 감사기도 제2양식으로서 기념이 한 문장 안에 결합되어 있다:

> … 저희는 그리스도의 죽음과 부활을 기념하며 생명의 빵과 구원의 잔을 봉헌하나이다.

감사기도 제3양식은 무엇보다도 그 안에 성찬례의 "거룩하고 살아 있는 제사"가 현존하고 있음을 분명히한다:

> 주님, 교회가 바치는 이 제사를 굽어보소서. 이는 주님 뜻에 맞갖은 희생제물이오니 너그러이 받아들이시어 …

그리스도인 모두의 자기희생은 조금 후 나오는 전구에서 표현하듯이, 이 그리스도의 희생제사와 결합되어야 한다:

> 그리스도 몸소 저희를 영원한 제물로 완성하시어 … 상속을 받게 하여주소서.

감사기도 제4양식도 봉헌기도 및 기념과 관련하여 참여자 모두가 주님의 영광을 찬미하는 "그리스도 안에서 산 제물이 되기를" 기도한다.

이미 앞 단원("교회의 제사로서의 성찬례")에서 상술한 바와같이 그리스도의 몸으로서의 교회와 그 지체로서의 모든 그리스도인은 말로서가 아니라 천상 아버지의 뜻을 따른 희생 안에서 그리스도의 바침과 일치되어야 한다(109쪽). 교회와 그리스도인 각자의 자기희생, 곧 "그리스도 안에서의 산 제물"은 그러므로 봉헌기도 안에서 특별히 그 자리를 차지한다.

바울로는 이미 로마서에서 그러한 자기희생을 요구했다: "이것이 곧 여러분의 정신적 예배입니다"(12,1). 바울로가 바로 여기서 그리스도인들의 기본 성향과 온 생활태도에 주의를 기울인 것은 맞지만 그렇다고 성찬례를 배제한 것은 아니다. 오히려 여기서도 바로 성찬례를 염두에 두고 이 성찬례의 본질적 요소를 가르치고자 했다. 로마서는 어떤 주어진 동기에서 성찬례를 언급한 고린토 전서 저술 후 몇 개월 지나지 않아 저술되었다. 성찬례는 그리스도의 몸과 피의 한몫을 차지하고 신비체에 지체를 침잠시키기 때문에(1고린 10,16 이하 참조) 바울로는 적지않은 공동체 지체들의 이기적인 행동에 대해 아주 엄하게 질책한다. 그들은 성찬례 모임에서 서둘러 먹어치우고 술에 취함으로써 가난한 사람들을 업신여기고 그들을 굶게 하는 것을 두려워하지 않았다(1고린 11,20-22). 성찬례에 참여하는 사람은 자신의 모든 이기주의에서 벗어나서 자신을 "거룩하고 산 제물"로 하느님께 봉헌해야 한다.

이것은 구체적으로 자신을 남김없이 하느님 뜻에 맡기고, 하느님 사랑과 이웃 사랑 안에서 성장하며, 자기 삶의 십자가를 그리스도와 함께 지고 가며, 자기의 영혼 구원만을 위해서가 아니라 모든 사람의 영원한 행복을 위해서 희생하는 것을 뜻한다.

이 모든 것은 구원하시는 그리스도의 자기헌신을 닮는 것이다. 그리스도를 닮는 자기희생은 에페소서 4,22-24의 의미에서 보면 성찬례 시간을 뛰어넘어 나아가 우리의 삶을 수놓아야 한다:

"지난날의 생활방식에 얽매여 속이는 욕정 때문에 썩어 없어질 묵은 인간을 여러분은 버리고 여러분의 정신을 영적으로 새롭게 하며 진리의 의로움과 거룩함으로 하느님을 따라 창조된 새로운 인간을 입으시오."

이 내적 변형을 성찬례와 관련시켜 빵과 포도주의 변화에 뒤따라야 하는 참여자의 내적 변화라고 표현하는 것은 당연하다. 여기서 중요한 것은 성령의 능력 안에서 완전한 그리스도를 닮도록 불림을 받은 사람들로서 "그분께서는 미리 알아 택하신 이들을 당신 아드님 모습과 한 모양이 되도록 예정하셨으니, 이것은 그 아드님이 많은 형제들 중에서 맏아들로 있게 하시려는 것이었습니다"(로마 8,29).

일치 기원

모든 감사기도에서 봉헌기도와 아주 밀접히 관련시킨 간청이 있는데, 이를 가리켜 일치 기원이라고 했다. 성찬 제정 및 축성문 바로 앞에 있는 축성 기원과는 달리 여기서 중요한 것은 변화된 예물, 곧 성체를 받아 모신 참여자들이 그리스도와 더 밀접히 결합되어 구원에 이르는 것이다.

이를 감사기도 제1양식은 이렇게 표현하고 있다: "그리하여 이 제단에서 성자의 거룩한 몸과 피를 받아 모실 때마다 하늘의 온갖 은총과 축복을 가득히 내려주소서."

제2양식에서는: "간절히 청하오니 저희가 그리스도의 몸과 피를 받아 모시어 성령으로 모두 한 몸을 이루게 하소서."

제3양식에서는: "성자의 몸과 피를 받아 모시는 저희가 성령으로 충만하여 그리스도 안에서 한 마음 한 몸이 되게 하소서."

제4양식에서는: "… 같은 빵과 같은 잔을 나누어 받으려는 저희가 모두 성령으로 한 몸을 이루고 …"

이렇게 감사기도 안에서는 이미 성찬례 본래의 정점인 "먹고", "마시는" 데 눈길이 돌려진다.

전 구

옛 그리스도교의 의미에서 감사기도는 첫째로 하느님의 구원행위에 감사드리는 찬양기도이다. 그러므로 미사 개혁 준비 과정에서 감사기도 안에 있는 보편 지향 기도들을 완전히 생략하려는 원의가 여러 번 표명되었던 것은 이해가 된다. 왜냐하면 이를 대신하여 새롭게 찾아낸 (말씀의 전례 안에 있는) 보편 지향 기도가 넓은 자리를 차지하기 때문이다. 전승된 로마 전문이 그렇게 전구轉求로 일관되었기에 감사드리는 찬양이 최소로 축소되었던 것에 대해 사람들도 달가워하지 않았다. 이에 새로운 감사기도들 안에서는 간청하는 사상에 맞서는 일정한 유보들은 이해할 수 있었다.

다른 한편 (로마의 히뽈리뚜스의 작품에서는 아직 나타나진 않더라도) 옛 전례들 안에 세워진 전승은 그러한 삭제 원의에 반대한다. 감사기도의 모델 형식인 유대교의 베라카도 그 찬미의 발전된 형식에서는 전구로 넘어간다. 마찬가지로 영국 성공회나 루터교, 개혁종교들과 다른 그리스도교 신앙인들에게 있는 수많은 감사 기도문들도 이 요소(전구)를 삭제하지 않았다. 이 간청들은 그 가치 때문에 엄밀한 의미에서 보편 지향 기도의 중복 의도가 아니라, 일치의 표현이다(Lengeling 23). 이들은 보편 지향 기도에서 규정한 것처럼 "위정자와 세상 구원"이나 "도움이 필요한 이들"(「총지침」 46항)을 위하여가 아니라, 무엇보다도 첫째로 전체 공동체와 성찬 공동체로서의 교회를 위하여 특별히 기도하기 때문이다.

그렇지만 내적 이유는 무엇보다도 그리스도교 기도의 일반 규정에 있다: "그리스도인은 마치 당연한 것처럼 즉시 의식적으로 깊이 신뢰하는 간청을 하느님께 향하지도 않으면서, 더 나아가서 그분의 도우심에 의존하지도 않으면서 긴 감사의 기도를 하느님께 올릴 수는 없다. 따라오는 간청이 없는 감사기도는 단지 하나의 의무를 해치운 것처럼 교만한 마음을 생기게 할 수 있다. 하느님께서 일으키시는 구원은 인간이 이 땅 위에서 감사드려야 하는 동안 결코 완결되지 않는다"(Kaczynski 308).

마지막으로 그리스도는 우리의 전구자로서 성부 곁에 현존하신다는 사실을 간과하지 말아야 한다. "그리스도의 인격 안에서" in persona Christi 성찬례를 거행하는 사제는 항상 성부 곁에서 우리를 위해 중재하시는 그리스도의 대리자가 된다(참조: 히브 7,25; 9,24): "감사기도 안에 있는 전구들은 자신의 제사로 말미암아 현양되신 그리스도의 영원한 전구에 교회가 참여하는 것이다. 교회가 거행하는 제사는 그리스도의 제사이듯이 교회의 전구도 그리스도의 전구인 것이다"(Kaczynski 309).

감사기도 제2양식의 전구들은 여기서 다른 감사기도들 안에 있는 형태들을 살펴보기 위한 이 간청하는 사상의 본보기로 불려진다:

주님, 온 세상에 널리 퍼져 있는 교회를 생각하시어
교황 (　　)와 저희 주교 (　　)와
모든 성직자와 더불어 사랑의 교회를 이루게 하소서.

이것은 그러니까 하느님 백성 전체를 위한 간청이다. 특히 교회의 감독자들과 교회 안에서 직무에 불림을 받은 모든 이들을 위한 간청이다. 특정한 날들과 특별한 계기가 있는 경우에는 특별 호명자들의 범위를 확장시킬 수 있다. 부활 성야부터 사백주일까지의 세례와 연결된 미사에서는 신영세자들을 위해 그들의 이름을 부를 수 있다. 견진 수여 때는 새 견진자들을 위해서, 혼인미사에서는 새 부부를 위해 그들의 이름을 부를 수 있다.

로마는 지역 주교회의에 그밖의 다른 계기를 더 첨가시키는 권한을 주었다. 이어서 독일어판 미사경본은 그러나 그러한 확장을 포기했다.

감사기도 제1양식은 온 교회와 그 감독자들을 위한 그러한 간청 언급을 이미 "거룩하시도다" 후의 첫번째 기도에서 바치고 있다. 제3양식은 이 간청을 "주님께서 구원하신 온 백성"을 뛰어넘어 사방에 흩어져 있는 모든 이에게로 확장시킨다. 제4양식은 원천적으로 "진심으로 주님을 찾는 이도 모두" 포함시킨다. 여기서 그리스도께서 파견 명령(마태 28,19-20) 안에서 당신 제자들에게 명하셨던 공번성이 약간은 드러난다.

감사기도 제2양식 안에 있는 두번째 전구는 "부활의 희망 속에 고이 잠든 …" 죽은 형제 자매들에게 적용된다. 그 전에 특정한 고인故人을 위한 미사에서는 고유기도에서 그 이름을 첨가시킬 수 있다.

제1 감사기도의 죽은 이를 기억하는 부분에서 사제는 공동체와 함께 그날 특별히 생각하고자 하는 죽은 이들을 위해 침묵기도 시간을 짧게 가질 수 있다고 분명하게 말하고 있다. 이 침묵기억은 다른 감사기도에서도 할 수 있고 해야 한다. 공동체는 이것을 감사하게 여기고 기쁘게 생각한다는 사실을 우리의 경험이 말해준다. 감사기도 제4양식은 이 죽은 이를 기억하는 부분을 "주님만이 그 믿음을 아시는 죽은 이들도 모두" 생각하는 것으로 확장시킨다. 하느님의 보편 구원의지는 우리가 직무상 기록할 수 있는 사람보다 훨씬 많은 사람들을 포함한다. 이것은 아우구스티누스의 "하느님은 교회가 가지지 못하는 많은 사람들을 가지신다"는 말씀의 의미와 완전히 같다.

죽은 이들을 생각하는 부분에서의 기도 원의는 "행복과 광명과 평화의 나라로"(제1양식) 인도하고, "주님의 빛나는 얼굴을" 뵙는 나라로(제2양식) 받아들여 주시기를, "당신 나라에서 식탁에 앉아 주님의 영광에 받아들여지는"(제3양식) 것이다. 위령미사인 경우에는 이 자리에 위로기도 본문이 따라온다:

저희 눈에서 눈물을 다 씻어주실 그때에
하느님을 바로 뵈오며

> 주님을 닮고
> 끝없이 주님을 찬미하리이다.

계속되는 하나의 전구는 성찬례 참여자들에게 적용된다. 제2양식에서는 죽은 이를 기억하는 부분 바로 다음에 따라온다:

> 저희에게도 자비를 베푸시어 …
> 영원한 삶을 누리며

제3양식과 제4양식에서는 이 간구가 짧고(제3양식) 포괄적(제4양식)인 데 비해, 제1양식에서는 매우 자세하게 표현되어 있다. 여기서는 첫번째 단락에서 이미 "산 이들을 위한 기도", 곧 "여기 모인 모든 이"를 특별히 언급한다. 계속되는 전구는 전문 마지막에 따라온다:

> 주님의 끝없는 자비를 바라는 저희 죄인들도
> 거룩한 사도들과 … 그밖의 모든 성인과
> 더불어 살게 하시며
> 저희의 공과 덕이 부족하오나 용서를 베푸시어
> 그들 무리에 들게 하소서.

죄를 지었음에 대한 이같은 고백과 용서의 간청, 일종의 참회행위의 중복은 감사하는 찬미의 감사기도의 틀 안에서는 분명 잘된 것으로 여겨질 수는 없다.

특별한 모양의 전구는 우리가 성인들과 함께 공동체를 이루고 있고 성인들은 바로 이 성찬례 안에서 우리와 함께 기도하는 공동기도자요 전구자들이라는 신앙적 의식에서 나온다. 이에 감사기도 제2양식은 복되신 천주의 성모 동정 마리아와 사도들 그리고 모든 성인들을 기억한다. 제4양식도 이와 비슷하다. 제3양식에서는 천주의 모친 마리아, 사도들 그리고 순교자들과 성인들, 그날의 성인 또는 주보성인도 언급한다.

　옛 로마 전문은 이 성인 기념을 더 자세하게 확장시켰다. 이것은 우선적으로 산 이들을 기억하고 난 다음 바친다. 그 정점에는 천주의 모친이신 마리아가 자리한다. 1962년 이후부터는 교종 요한 23세의 지시에 따라 성 요셉의 이름이 등장했다. 그런 다음 열두 사도와 열두 명의 순교자들 그리고 모든 성인의 이름이 거명되었다.

　두번째 성인 기념은 죽은 이를 기억하고 난 뒤 전문의 마지막 부분에 자리한다. 여기서는 세례자 요한 다음에 일곱 명의 순교자들과 일곱 명의 여자 순교자들의 이름이 언급된다.

　성서에 나오는 성인 이름들을 제외하면 그들은 모두 옛 로마시 공동체에서 특별한 공경을 받았던 남녀 순교자들이다. 우리는 이들 중 많은 분들에 대해서 단지 전설적인 이야기만 가지고 있기 때문에 오늘날의 공동체를 위해서는 특별한 영향을 미치지 못한다. 그러므로 미사경본 개정 때와 경본의 자국어판에서 이들의 이름을 괄호 안에 묶어둔 것은 이해할 수 있다. 첫번째 성인 기념에서는 스물한 명의 이름들이, 두번째에서는 열한 명의 이름들이 이에 해당한다.

마침 영광송

모든 감사기도는 삼위일체 찬송, 곧 장엄 영송으로 끝맺는다. 이때 사제는 성반과 성작을 약간 들어올리고 노래하든지 말한다:

> 그리스도를 통하여 그리스도와 함께 그리스도 안에서
> 성령으로 하나 되어 전능하신 천주 성부
> 모든 영예와 영광을 영원히 받으소서.

여기서 우리는 "그리스도교 기도의 전형적인 기본 형태"(Jungmann, Messe 82), 즉 성령 안에서 그리스도를 통하여 성부께 드리는 찬미 양식을 보게 된다. 예수님의 지상 생애는 당신이 "대사제의 기도"에서 분명하게 고백하듯이 성부를 들어높이는(현양) 것이 전부였다.

"저는 아버지께서 제게 하라고 맡겨 주신 일을 끝내어 땅에서 아버지를 영광스럽게 하였습니다"(요한 17,4). 그렇지만 이 일은 감사기도를 통하여 성사적으로 현존하는 그리스도의 십자가상 희생 제사 안에서 그 정점을 이룬다. 그분과 맺는 긴밀한 일치 안에서, 신비체의 지체의 힘으로 우리 또한 성부께 찬미와 영예를 바칠 수 있다. 이것은 성령, 곧 하느님의 내적 사랑으로서 성자로부터 성부께 되돌아 흘러들어가시는 성령 안에서 이루어진다.

공동체는 히브리어인 "아멘"(그대로 이루어지소서)으로써 이 찬송에 힘을 싣는다. 이미 철학자이자 순교자인 유스티누스는 2세기 중엽에 감사기도의 마지막에 나오는 이 단어에 특별한 의미를 부여했다. 위대한 성서학자인 예로니모(+ 420)는 공동체가 로마의 대성전 안에서 우렁차게 소리치는 "아멘"을 하늘의 천둥소리에 비교했다. 아우구스티누스 주교(+ 430)의 말에 따르면 이 "아멘"은 사제의 기도 아래 있는 공동체의 서명과 같다. 감사기도의 마지막에 있는 이 말은 단지 마침 영광송에만 관련되는 것이 아니라 감사기도 전체와 그 안에서 현존하는 그리스도의 제사 및 그와 연결된 교회의 자기 제사까지도 관련된다. 그러므로 이 "아멘"은 감사기도에 대한 공동체측으로부터의 중요한 기여이다. 그렇기 때문에 미사경본의 홍주 지침이 사제는 "아멘" 후에야 들어올린 성체와 성작을 다시 제대로 내려놓기를 요구하는 것은 마땅하다.

C. 영성체 예식

그리스도의 성사적 현존과 이와 결부된 교회의 자기제사와 함께 하는 그리스도의 파스카 신비의 기념에 이어 그분의 몸과 피의 기념 잔치인 영성체가 따라온다. 영성체 안에서 성찬례 거행과 실제적인 성찬례 참여가 완성된다. 영성체는 잔치 전체의 본질적 부분이자 두번째 정점이며 원래의 목표이다. 왜냐하면 성찬 제정 및 축성문 정점에는 간과할 수 없는 "너희는 모두 이것을 받아 먹어라"와 "너희는 모두 이것을 받아 마셔라"가 자리하고 있기 때문이다. 어떤 사람이 성체와 성혈로 바뀌는 "변화 신심"에만 머물러 있고 그로써 만족하고자 한다면 그는 반환점에만 머물러 있는 것이며 그리스도께서 마련하신 목적에 도달하지 못할 것이 다. 성찬례의 목적과 의미는 그리스도와 그리고 서로간에 이루는 일치에 있다.

 이 확증은 확산된 넓은 그리스도교계가 일 년에 한 번에서 두 번까지 혹은 더 드물게 성체를 모시는 데 만족함으로써 교회사 안에서 성찬례의 올바른 관점으로부터 얼마나 멀어져 갔는가를 명백하게 보여준다. 동방에서는 이미 4세기에 이를 한탄했으며 서방은 즉시 그 뒤를 따랐다. 이런 잘못된 발전의 원인은 성체 신심의 결핍에 있었던 것이 아니라 오히려 사람들이 두려워하고 떨리는 마음으로만 나아갈 수 있는 "두려움의 신비"Mysterium tremendum에 대한 과도한 공경에 있었다. 이 두려움이 중세기에는 증대하여 1215년에 개최된 제4차 라테란 공의회는 적어도 1년에 한 번 의무적으로 성체를 받아 모시도록 규정하기에까지 이르렀다. 유리된 공경 신심의 형태들은 그리스도께서 원하신 성찬례에 해를 끼쳤다. 비오 10세(1903~1914)의 사목적·전례적 노력들은 빈번한 영성체에 관한 교령(1905)과 이른 첫영성체 교령(1910)으로써 건전한 방향전환을 이끌었다.

영성체라는 단어(라틴어 communire)는 원래 상호 염려, 공동 소유를 의미한다. 그후에 교회는 이 말을 우선적으로 교회의 공동체를 위해서 사용하였으며 중한 범행을 저지른 사람은 이 공동체에서 축출excommunicare될 수 있었다. 마침내 이 단어는 거룩한 잔치를 통하여 그리스도와 이루는 일치와 친교로서 성서 말씀의 중심 의미에 이르렀다: "내 살을 먹고 내 피를 마시는 이는 내 안에 머물고 나도 그 사람 안에 머뭅니다"(요한 6,56).

가장 오래된 성찬례 기술들 안에서는 거룩해진 제물을 받아 모시는 것은 장엄 영송(마침 영광송)에 바로 연결되었다. 그렇지만 일찍부터 몇몇 준비 예식들이 생겨났다. 그 중 첫번째의 자리는 주의 기도다.

주의 기도

주의 기도는 이미 4세기에 수많은 전례 안에서, 로마 전례 안에서도 나타난다. 그 신학적 역할은 "제사 신비의 완성으로서뿐 아니라 영성체를 위한 준비로서", "제사행위와 그를 통해서 가능해진 그리스도와의 식사 공동체 사이의 고리로서"(Dürig 326) 설명한다. 주의 기도가 로마 미사 전례 안에서 영성체 직전에 자리하지 않고 그 대신 평화 예식과 빵 나눔 그리고 빵 섞음 예식 사이로 밀려나게 된 것은 그레고리오 1세(590~604)에 기인한다.

하나의 기도 초대문이 주의 기도를 인도한다. 이 초대문은 아빠를 신뢰하는 아이 같은 믿음으로 한없이 크고 전능하신 하느님을 부른다는 것이 자명한 일은 아님을 깨닫게 한다. 주의 기도는 우리에게 새로운 하느님과의 관계를 선사하시고 이 기도를 가르쳐 주신(참조: 마태 6,9 이하; 루가 11,1 이하) 예수님의 "신적 가르침"을 필요로 한다. 이에 우리는 하느님을 아버지라고 감히 부를 수 있다. 전통적인 로마식 기도 초대문 외에 독일어판 미사경본은 세 가지 다른 양식을 가지고 있다. 여기에 홍주 규정은 "혹은 다른 적합한 초대문으로 대체할 수 있다. 이것은 연중시기에도 적용될 수 있다"(512쪽)고 덧붙인다. 그러므로 시기나 상황에 적합한 표현양식을 선택할 수 있는 가능성이 있다.

주의 기도의 처음 세 가지 간청은 내용상 앞의 감사기도와 관련시켜서 볼 수 있다. 여기서 하느님의 이름, 곧 하느님의 본질이 그분의 거룩함 안에서 인정되고 찬양받았으며(예를 들면, "거룩하시도다"와 "거룩하시도다" 이후 부분), 그리스도의 제사를 통해 하느님께 "모든 영광과 영예가 표해진" 것이다. 여기서 파스카 신비의 현재화로 하느님 나라의 도래가 준비된 것이다. 여기서 예수님의 수난과 죽음에 이르는 순종으로 아버지 뜻에 따르는 최고의 순종이 바쳐진 것이다(참조: 루가 22,42: "아버지, 아버지께서 하고자 하신다면 이 잔을 저에게서 거두어 주소서. 그러나 제 뜻이 아니라 아버지의 뜻이 이루어지게 하소서").

주의 기도가 미사 전례에 받아들여지는 데에 더욱 결정적인 구실을 한 것은 물론 특히 두 가지 간청이 영성체와 밀접한 관련성이 있다고 보았다는 데 있다고 할 수 있는데, 곧 빵과 용서를 비는 간청이 그것이다.

일용할 양식을 비는 간청 안에는 완전히 말 그대로의 의미에서 우리 인간이 생명에 이르는 데 필요한 모든 것이 포함되어 있다. 음식과 그밖의 많은 것들이 (예를 들면 일자리도) 삶의 가능성과 활동의 토대로서 이에 속한다. 우리는 이 일용할 양식이 세계 많은 지역에서 주요 걱정거리임을 무거운 마음으로 인식하고 있다. 따라서 빵에 대한 걱정이 없는 사람은 수백만의 굶주리는 인류를 대변하여 이 청원을 해야 할 것이다. 또한 옛 교부들은 그리스도께서 "사람이 빵으로만 살지 못하고 하느님의 입에서 나오는 모든 말씀으로 살리라"(마태 4,4; 신명 8,3에서 인용)고 말씀하신 그 빵을 가리켰다. 끝으로 그중에서도 3세기 교부들(예를 들면 떼르뚤리아누스, 치쁘리아누스)은 예수께서 요한 복음에서 "나는 하늘에서 내려온 살아 있는 빵입니다. 이 빵을 먹는 이는 영원히 살 것입니다. 그리고 내가 줄 빵은 곧 내 살로서 세상의 생명을 위해 주는 것입니다"(6,51)라고 말씀하신 그 빵으로 알아듣기도 했다. 이런 의미에서 주의 기도는 성찬례의 식탁기도라고도 불리어졌다.

뒤따라오는 죄의 용서를 비는 간청 안에서도 마찬가지로 성체를 영하는 하나의 준비를 보았다. 부당하게 먹고 마심으로써 심판을 초래한다는 사도 바울로의 말씀(1고린 11,27 이하)은 초기 그리스도교에 깊은 인상을 주었다. 아우구스티누스에게 있어 이 간청은 영성체 전에 필요한 얼굴 씻음과 같다. 이 청원은 자기에게 잘못한 이들을 용서하라는 요구와 결부되어 있다고 덧붙인다. 뒤따라오는 평화 예식에서도 나타나는 것처럼 형제와 화해하라는 것은 미사를 위한 하나의 전제조건이다. 예수님 자신도 산상수훈에서 그렇게 요구하신다: "그러므로 당신이 제단에 예물을 갖다 바치려 할 때에 형제가 당신에게 어떤 원한을 품고 있는 것이 거기서 생각나거든 당신의 예물을 거기 제단 앞에 두고 먼저 물러가서 당신 형제와 화해하시오. 그 다음에 와서 당신의 예물을 바치시오"(마태 5,23-24). 마찬가지로 마태오 복음 6장 14절 이하에 나오는 권고도 긴박하게 말해졌다. 이웃과의 관계를 객관적으로 검증하고 용서와 화해를 통해 평화를 심는 것은 많은 경우 분명 쉬운 과업이 아니다. 그렇지만 그리스도의 말씀은 조금의 예외도 허락하지 않는다. 적어도 화해를 위한 진심어린 시도는 해야 한다.

전례 개혁 전에는 사제가 주의 기도를 혼자서 바쳤다(노래했다). 단지 마지막 청원("sed libera nos a malo")만이 공동체에게 유보되었다. 공의회 진행중 1964년 9월 24일에 첫번째 "거룩한 전례헌장의 합법적 실행에 관한 훈령"을 통하여 공동기도(노래)를 위한 조심스러운 표명이 나왔다: "주의 기도는 '말로 하는 미사'에서는 신자들이 주례자와 함께 자국어로 기도할 수 있다. '노래로 하는 미사'에서는 신자들과 함께 라틴어로 노래부를 수 있다. 그리고 지역의 교회 권위가 결정하면 자국어로 교회 권위가 인준한 곡에 맞추어 노래부를 수 있다"(48 g). 이같은 가능성에서 즉시 하나의 반가운 예식이 생겨났다. 독일어판 미사경본에서는 위의 훈령이 일반화된 규정이 되었다. 독일어판 미사경본에는 주의 기도를 위한 두 가지 노래 양식이 제시되어 있다.

사실 더러 공동체들에서는 다른 어떤 성가도 주일의 주의 기도만큼 힘차고 열절하게 부르지는 않는다. 마치 이 본문의 기원과 감격이 공동체로 하여금 특별한 신뢰심을 불러일으키는 것 같다. 여기서 미사 전례의 적극적 참여는 그 정점에 이른다.

부속기도 및 환호

"부속"Embolismus이라는 (그리스어에서 유래한) 외래어로 표현되는 기도가 주의 기도에 연결되어 있다. 이 부속기도는 옛 로마 미사통상문에만 들어 있을 뿐 아니라 본문상 약간의 편차는 있지만 비잔틴 미사 전례를 제외한 모든 동방 전례에서도 자리하고 있다. 이 기도는 주의 기도의 마지막 청원을 다시 끄집어내어 계속한다: "주님, 저희를 모든 악에서 구하시고 …" 라틴어와 독일어 주의 기도에서는 "악"이 누구 또는 무엇을 뜻하는지 — 인격적으로 이해하면 악은 곧 사탄이며, 중성으로 이해하면 악은 죄와 모든 사악한 것을 의미한다 — 하는 의문이 여전히 미결인 채 남아 있었다면, 부속기도에서는 "모든 악에서"ab omnibus malis라는 표현이 덧붙여짐으로써 둘째 해석으로 결말이 난다. 다음 문장에서 사제는 평화와 도와 주시는 하느님의 자비를 간구하고 혼란과 죄에서 보호해 주시기를 기도한다. 이 관심사들이야말로 세상살이와는 동떨어진 것이 결코 아니다. 지상의 어디선가 "우리 시대의 평화"는 끊임없이 위협받고 있으며, 먼저 지역 분쟁이 일어나서 세계 평화의 위협으로 급속도로 확산될 수 있다. 혼란과 죄에서 보호해 주십사는 간청도 마찬가지로 절박하게 여겨진다. 우리 사회의 폭넓은 영역에서 놀랄 만큼 방향감각 상실과 이념의 혼란들이 지배하고 있으며 이 모두가 진리와 정의로부터 그리고 하느님과 그분의 계명으로부터 빠르게 등을 돌릴 수 있는 것들이다. 발달한 통신기술은 그러한 오류와 혼란의 빠른 전파를 그나름으로 조장하고 있다. 그러므로 이 청원들은 폭넓은 현실성을 가지고 있다. 이 청원들은 모든 사람과 관계된다. "서 있다고 생각하는 이는 넘어지지 않도록 조심"(1고린 10,12)해야 하는 것이다. 예수님은 고별사에서 "여러분의 마음이 산란해지지 않도록 하시오. 하느님을 믿고 또 나를 믿으시오"(요한 14,1) 하고 경고하신다.

종래의 부속기도 본문은 개혁을 통해 단축되고 압축된 한편 종말론적 종결 문장으로 인해 내용적으로는 풍요로워졌다: "… 복된 희망을 품고 구세주 예수 그리스도의 재림을 기다리게 하소서"(디도 2,13 참조). 그리스도의 재림으로써 비로소 구세사 전체가 완성된다. 이 마지막 그리스도 사건을 깨어 기다리는 것은 신약성서 안에서 항상 되풀이하여 요구되며, 그리스도교적 삶의 근본 태도에 속한다. 적지않은 본당에서 이 부속기도가 제멋대로 생략되는 데 관해서 전례학자 렝엘링E. J. Lengeling 교수는 자신의 견해를 밝힌다: "자기 마음대로 부속기도를 공동체에게 되돌려주지 않는 사람은 두 가지 의미에서 '보편적'(가톨릭)인 주요한 기도의 하나를 지각없이 탈취하는 것이 된다: 시간적으로는 교회가 1,600년이 넘게 이 주의 기도 확장문을 기도해 왔고, 공간적으로는 세상 어디서나 서방교회 미사 전례와 그리고 유사하게 로마와 일치하거나 갈라진 동방 전례의 교회 미사 전례에서 이 기도가 바쳐지기 때문이다"(Gd13 [1979] 170).

사제가 큰 소리로 바치는 부속기도의 종말론적 종결 문장에 다행스럽게도 공동체의 환호가 연결된다.

"주님께 나라와 권능과 영광이 영원히 있나이다."

이 찬사는 그리스도교의 "원(原)기도"이다. 역대기 29장 11절에 그 뿌리를 가지는 것으로서 1세기 말경의 작품인 『디다케』 안에 벌써 자리하고 있다. 대부분의 동방 전례에서는 이 찬사를 받아들였다. 이 찬사는 하느님 나라의 결정적 승리를 확신하는 원시 공동체의 확신을 표현하고 있으며, 묵시록의 환시에 나오는(예: 5,12; 19,1) 찬양 외침과 같다. 대영광송에서 그리스도께 드리는 마침 찬양도 같은 성격을 가지고 있다: "홀로 거룩하시고, 홀로 주님이시며, 홀로 높으신 예수 그리스도님 …"

옛 로마 경본은 이 찬사를 알지 못했다. 미사 전례 개혁이 이를 로마 경본에 받아들임으로써 미사경본은 가장 오래된 그리스도교 기도 자산을 다시 가지게 되었다. 아울러 이 찬사는 교회일치 방향에 작은 한 걸음이 된다. 왜냐하면 마르틴 루터는 자신이 사용한 신약성서 그리스어본에 근거하여 이를 자신의 성서 번역에 받아들인 이래 개혁교회들도 이 기도를 항상 주의 기도와 연결시키고 있기 때문이다.

평화 예식

평화 예식도 하나의 기도와 동작을 가지는 의식으로서 성체를 모시기 위한 직접적인 준비 예식에 속한다. 예수께서는 산상수훈에서 형제와 화해하는 것이 제단에 예물을 바치는 것보다 앞서야 한다(마태 5,23-24 참조)고 분명히 요구하신다. 그렇기 때문에 동방 전례에서는 이 평화 예식이 이미 말씀 전례와 보편 지향 기도 이후에 자리하고 있다는 사실은 이해할 수 있다. 원래 서방에서도 그레고리오 1세까지는 그러했었다. 그레고리오 1세 교종이 이 예식을 오늘날의 자리로 옮겼다.

평화 예식은 세 부분으로 이루어져 있다: 선행하는 기도 초대문을 가진 평화의 기도(a), 공동체를 위한 평화의 기원(b), 그리고 평화의 표지(c).

a) 사제의 평화의 기도로 이끄는 기도 초대문은 통상적인 형식에 있어서는 요한 복음 14장 27절에 나오는 예수의 평화의 약속에 의존하고 있다:

> 주 예수 그리스도님, 일찍이 사도들에게 말씀하시기를
> "너희에게 평화를 두고 가며 내 평화를 주노라" 하셨으니

여기서 그리스도께서 말씀하시는 평화라는 말은 싸움이나 전쟁이 없는 것보다 훨씬 깊은 의미가 있다는 점을 유의해야 한다. 예수께서 사용하신 히브리-아라메아어 단어인 "샬롬"은 이미 예언자들에게는 메시아의 구원을 뜻하는 총체적 개념이다. 이는 육체적·정신적 형태의 포괄적 평안을 의미한다. 이 "샬롬"은 그렇지만 인간과 하느님 사이 그리고 사람들 서로간의 완전한 조화도 뜻한다. 이 하느님의 가장 큰 선물은 새 계약의 구원의 완성인 파스카 신비의 결실이다.

위에 인용한 기도 초대문 자리에 독일어판 미사경본이 제공하듯이 교회력의 시기와 특별한 계기에 적합한 다른 양식도 자리할 수 있다. 이를 위해 미사경본은 성탄·사순·부활 시기 및 성령 강림 축제를 위한 양식문들을 제공하고 있다.

평화의 기도 자체는 성부께 향하는 것이 아니라 그리스도께 향한다:

> 예수 그리스도님,
> 저희 죄를 헤아리지 마시고 교회의 믿음을 보시어
> 주님의 뜻대로 교회를 평화롭게 하시고 하나 되게 하소서.

b) 이 평화의 기도에 이어 공동체를 위한 평화의 기원이 따라온다. 사제는 두 팔을 벌리고 노래하거나 말한다: "주님의 평화가 항상 여러분과 함께." 이에 공동체는 "또한 사제와 함께" 하고 응답한다. 여기서 사제가 두 팔을 벌리는 것은 "그 기원에서 보아 집합적인 포옹이다. 그러니까 기도 초대 때의 행위(기도합시다)나 주도자의 기도 때의 몸짓과는 다르다"(Emminghaus 269).

c) 옛 관습에 따라 기도 원의에 볼 수 있는 평화의 표지가 연결될 수 있다. 부제 또는 사제가 "그 지역의 풍습에 적합한 방법으로 서로 평화와 화해를 알리는, 예를 들면 평화의 인사를 나누십시오"(「미사경본」 519쪽)라는 권유가 연결된다.

평화의 인사를 하는 방법(예를 들면 친구나 악수 또는 목례)은 그 지역 백성의 풍습이나 특성에 더 어울리게끔 지역 주교회의가 결정해야 한다. 독일어권 지역에서는 대부분 주위 사람과 악수하는 형태를 취한다. 사제 자신은 제대에서 봉사하는 사람들과 평화의 표지를 나눈다.

빵 나눔

평화 예식 후 사제는 큰 성체를 여럿으로 쪼갠다. 보통의 큰 빵을 신자들에게 나누어 주기 위해 작은 조각으로 쪼개야 했던 초세기에는 그렇게 해서 빵의 수를 늘리는 것이 실제적으로 필요했다. 모든 성찬 제정 및 축성문이 증명하듯이 예수님의 최후만찬 때도 그렇게 하셨다. 즉, 빵을 들고 감사기도를 드린 다음 떼어 제자들에게 주셨다. 원시 공동체는 이 과정에서 깊은 상징적 의미를 보았다. 그러므로 바울로는 고린토 전서 10,16-17에서 "우리가 떼는 빵은 그리스도의 몸과 맺는 친교가 아닙니까? 빵이 하나이니, 우리는 여럿이지만 한 몸입니다. 우리는 모두 하나의 빵을 나누기 때문입니다"라고 기술한다. 이 해석에서 성찬례 빵은 그리스도와 그리고 그리스도인들 서로간의 일치를 나타내고 강화한다는 점이 드러난다. 교부 아우구스티누스는 이 성사를 "일치의 표지와 사랑의 끈"이라고 부른다. 「미사경본 총지침」이 이를 "빵을 쪼개는 것은 사도들 시대에 그 자체로 미사성제를 지칭하였으니만큼 하나인 빵을 나누어 먹는 모든 사람의 일치가 효과적으로 그리고 분명하게 드러난다. 마찬가지로 이것은 형제적 사랑의 표지이다. 왜냐하면 이 하나인 빵이 형제들에게 나누어지기 때문이다"(283항; 유사한 항 56c)라고 기술하고 있다면, 이는 그렇기 때문에 가장 오래되고 끊임없는 교회 전승의 바탕 위에 서 있다.

12세기에 와서 앞서 사용한 제병이 동전 크기로 일반화되었을 때 빵 나눔은 폐지되었다. 오직 사제만이 사제용 큰 제병을 세 조각으로 나누었으며 가장 작은 조각을 성작에 넣었다("섞음 예식"을 보라). 다른 큰 두 조각은 영성체 때 사제 자신이 모두 영했다. 이렇게 하여 빵 나눔의 깊은 상징성은 완전히 사라졌다. 바오로 6세 교종하에서의 미사 개혁은 사제가 하나 또는 여러 개의 큰 제병을 작은 조각으로 나누고, 적어도 그 조각들을 신자들에게 건네줌으로써(「총지침」283항) 빵 나눔을 복구하고자 한다. 이 시도는 특별히 공동 집전 때와 그룹 미사나 혼인미사 때 그리고 적어도 새 견진자들이 큰 제병에서 쪼개어진 성체를 받아 모셔야 하는 견진미사 때 권고된다.

이같은 개혁 시도와 함께 새 미사경본은 일반적으로 오늘 내일 당장 실현되지 않는 발전을 도모하려 한다. 그러기에 「총지침」 283항은 이렇게 표현한다: "영성체자가 많거나 다른 사목적 이유가 있어서 작은 제병을 써야 한다면 그래도 좋다." 물론 이 허락을 "편하고 쉬우며 빠르고 단순한 길을 취하는 실천"(Nikolasch 249)을 위한 구속력이 없는 자유로운 서신 정도로 이해해서는 안된다. 그보다는 오히려 큰 공동체 안에서도 일반적인 빵 나눔과 분배를 어떻게 실현시킬 수 있을까 하는 방법을 모색하는 것에 적용된다. 그러니까 잘려지는 선을 미리 새겨놓은 큰 원형 빵을 만들어 냄으로써 빵의 성질을 간직한 채 잘게 쪼갤 수 있도록 하는 것이 중요하다.

교회가 모든 영성체자들이 그때그때의 미사에서 축성되었던 성체를 영하는 것을 크게 중요시한다는 점은 어제 오늘의 일이 아니다. 「전례헌장」(55항)과 「미사경본 총지침」(56항 h) 그리고 다른 공의회 후의 문헌들에 나타나는 이런 명백한 원의는 베네딕도 14세(1740~1758)를 그 증인으로 내세울 수 있었던 비오 12세에 의해서 이미 진술되었다[ˮ하느님의 중개자ˮ(Mediator Dei) 117항과 119항]. 축성된 성체를 감실 안에 보관하는 것은 원래 중환자에게 항시 노자성체viaticum를 수여할 수 있는 데에만 그 의미를 가졌다. 그러므로 많은 교종들의 이 뜻깊은 권고들이 많은 본당에서 무시되고 더 나아가서 비축용으로 축성되고 있다는 사실은 기이하고 유감스러운 일이다. "이제까지 바라던 원의가 이루어지기를 바란다면 그것은 선행하는 실천적인 난제들을 위한 해결책에 있다기보다는 표지성과 진리의 의미를 밝히 드러내게 하는 데 있다"(Lengeling 246).

섞음 예식

"그리스도의 몸과 피의 성사는 저희에게 영원한 생명을 선물로 주소서"(한국어 미사경본: "여기 하나 되는 주 예수 그리스도의 몸과 피가 이를 받아 모시는 저희에게 영원한 생명이 되게 하소서" — 역자 주) 하고 기도드릴 때 축성 제병 한 조각을 성작 안에 떨어뜨리는 것은 설명하기가 쉽지 않다. 「총지침」은 다른 예식과는 대조적으로 이 부분에 대해 따로 설명하지 않는다. 많은 학자들에 따르면 이 예식은 교종이 — 비슷한 형태로 다른 도시의 주교들도 — 특정한 축일들에 가까운 성당의 사제들에게 "누룩"fermentum이라고 부르는 축성된 성체 한 조각을 보냈던 옛 로마 풍습에 기인한다. 사제들은 자기들의 다음 미사 때

교종(주교)과의 형제적 일치의 표지로 그리고 같은 그리스도 제사임을 나타내기 위해 이 조각을 성혈 안에 넣었다. 다른 학자들은 이 예식에서 그리스도의 부활과 제대 위에서의 그분 현존의 의미와 상징성을 표현하는 시리아에서 생겨난 예식의 전래를 보았다. 그밖의 설명 시도들을 여기서 다 나열할 수는 없다.

이같은 수많은, 부분적으로는 역사적이고, 부분적으로는 논쟁의 여지가 많은 우의적인 가정들에 직면해서 왜 미사 개혁 때 이 예식이 생략되지 않았던가 하는 물음이 마땅히 제기되었다. 더구나 제2차 바티칸 공의회가 아래의 가르침을 주었기에 그 물음은 정당하였다: "예절은 품위있는 단순성을 지니며, 간결하고 일목요연하며, 불필요한 반복을 피해야 한다. 또한 신자들에게 이해가 갈 수 있도록 해서 일반적으로 많은 설명이 필요없게 해야 한다"(「전례헌장」 34항). 동일한 문헌은 미사 예식에 대해 특별하게 언급하고 있다: "그러므로 예식은, 그 본질에 저촉되지 않는 한 단순화할 것이며, 시대의 흐름에 따라 중복된 것, 혹은 별 이익 없이 첨가된 것은 생략되어야 한다"(「전례헌장」 50항). 책임있는 자리에 있는 사람들이 그럼에도 불구하고 이 섞음 예식을 포기하지 않았다면 그것은 보수주의권 성향의 사람들을 고려했다기보다는 무엇보다도 이 예식에 성대함을 배려하고 있는 대부분의 동방 전례들을 고려한 데 있었다. 아마도 사람들은 이 예식을 현양되신 그리스도의 현존을 암시하는 것으로 이해해야 한다는 교리교육적·설교학적 설명에는 일치할 수 있을 것이다. 그리스도는 성찬례 안에서 피와 육신이 서로 분리된 십자가상에서 돌아가신 그리스도가 아니라 부활하신 주님으로서 우리를 만나신다.

하느님의 어린양

"빵을 나누어 성작에 담긴 성혈에 섞는 예절이 진행되는 동안 모든 이들의 참여하에 보통으로 성가대나 선창자가 '하느님의 어린양'을 원칙적으로 노래부르거나 아니면 분명하게 말한다. 이 노래는 빵 나눔이 끝날 때까지 자주 반복할 수 있다. 마지막 외침은 '주님, 평화를 주소서'라는 말로 마친다"(「총지침」 56 e).

이 그리스도 노래는 세르지오 1세 교종(687~701)에 의해 당시에 비교적 긴 시간이 필요하던 로마 미사 전례에 도입되었다. 11세기 이후부터 마지막 노래는 "주님, 자비를 베푸소서" 대신 "주님, 평화를 주소서"로 마쳤다.

"하느님의 어린양"이라는 그리스도의 명칭은 신약성서에서, 더 정확히 말하면 세례자 요한의 입을 통해서 벌써 나타나며(요한 1,29.36), 특히 묵시록에 자주 등장한다(예를 들면 5,6 이하: 19,9). 이 호칭은 이사야 예언자에 의존하고 있다: "도살장으로 끌려가는 어린양처럼 … 결코 입을 열지 않았다"(53,7). 그러므로 이 그리스도 노래는 그분의 희생·죽음을 가리키는 분명한 암시다. 바울로는 그리스도를 부활절 어린양에 비유한다: "… 실상 우리의 파스카 양이신 그리스도께서 희생되셨습니다"(1고린 5,7).

그러므로 이 공동체 노래는 우리를 위해서 희생하셨으며 현양되신 주님으로서 자신의 희생제물과 함께 제대 위에서 현존하시는 그리스도께 드리는 찬미 노래다. 그분은 우리에게 자비와 평화를 선사하는 신적 힘을 가지고 계시다.

원문 대신에 독일어판 미사경본이 기재한 대로 "하느님의 어린 양" 성가를 대체하여 부를 수 있다.

준비기도와 초대문

빵 나눔과 그에 수반하는 노래가 끝나고 나면 사제가 하는 두 개의 침묵 준비기도가 따라온다. 이 기도들이 옛 로마 전례에서 생겨나지 않았다는 사실은 이것이 일인칭 형태로 작성되었고 성부께가 아니라 그리스도께 바쳐진다는 데서 이미 알아차릴 수 있다. 둘 다 9세기 또는 10세기의 프랑크-갈리아 전례 지역에서 생겨났다. 첫째 기도는 다시 한번 구원하시는 그리스도의 죽음을 상기시키고 다른 청원들을 연결시킨다. 첫째 기도와 비교하면 상당히 축약된 형태인 둘째 기도는 부당하게 성체를 모시는 것에 대한 바울로의 경고와 결부되어 있다(1고린 11,27-29 참조). 신자들도 침묵하는 가운데 이 준비기도에 함께해야 한다. 여기서 선행하는 예식들과 기도들도 참다운 준비임이 드러난다.

중세 후기까지도 알려지지 않았던 것으로서, 장궤를 한 후 사제는 나뉘어진 성체를 성반 위에 약간 들어올리면서 요한 복음 1장 29절에 나오는 "하느님의 어린양, 세상의 죄를 없애시는 분이시니 이 성찬에 초대받은 이는 복되도다"라는 말을 한다. 이제 사제와 공동체는 미사 전례 상황에 어울리는 가파르나움의 백부장의 말(마태 8,8)을 한다. 이것은 겸손과 온전한 신뢰로 뭉쳐진 말이다:

주님, 제 안에 주님을 모시기에 합당치 않사오나
한 말씀만 하소서. 제가 곧 나으리이다.

독일어판 미사경본에 의하면 사제는 "복되어라. 어린양의 혼인잔치에 초대받은 이들" 하고 덧붙일 수 있다. 묵시록 19장 9절에서 인용한 이 말씀은 영성체가 그리스도의 약속으로 보장된 복된 이들을 위한 종말론적 완성임을 암시한다(요한 6,51.54 참조). 로마 미사경본은 당연히 이 인용을 그 자체로 중요한 중요한 자리를 차지하는 곳인 "주님, 제 안에 주님을 모시기에 합당치 않사오나 …" 앞에 위치시킨다. 독일어판 미사경본은 두 가지 선택 본문들을 덧붙인다(시편 34,9a: "너희는 맛보고 눈여겨 보라, 주님께서 얼마나 좋으신지"와 요한 6,51b: "이 빵을 먹는 이는 영원히 살 것입니다"). 또한 "혹은 미사경본의 다른 영성체송, 특히 그날 미사의 영성체송을"이라는 홍주를 기재하고 있다.

이같은 다양한 가능성으로써 확실히 일정한 단조로움을 피하고 성찬례 의식을 여러 성서의 정언으로 풍부하게 하려고 의도했다.

사제의 영성체

사제는 이제 첫번째로 성체와 성혈을 영한다. 이때 다음의 기도를 바친다: "그리스도의 몸은[피는] 저를 지켜주시어 영원한 생명에 이르게 하소서." 그러나 공동 집전자들이나 부제 혹은 성체 분배자가 제대에 있으면 그들에게 먼저 성체를 나누어 주고 그런 다음 동시에 성체를 영한다.

사제가 미사경본의 지침에 따라 우선적으로 성체를 영한다는 사실은 이 시대에 일부의 극심한 반발을 불러일으켰다. 한 신간 서적에는 이런 말이 있다: "사제가 공동체에 앞서 성체를 영해야 한다는 규정은 기쁜 일이 아니다. 선한 주인은 그렇게 하지 않는다. 그렇기 때문에 많은 사제들이 즉시 신자들에게 성체를 분배하고 나서 자신은 마지막으로 영성체한다. 그러면 아무도 기다릴 필요가 없다. …"(Blasig 76). 이런 실천은 역사적이고 교회일치적인 관점에 반대되며 특히 신학적 숙고와는 모순된다.

동·서방의 모든 전례에서 주도하는 주교 또는 사제가 첫번째로 성체를 영하는 것은 처음부터 변함없는 관례였다. 누가 이 순서를 바꾸려 한다면 이것은 무엇보다도 동방교회들 안에서 격렬한 반대에 부딪칠 것이고 전승된 순서를 이탈시키는 것으로서 단죄될 것이다. 신학적 숙고는 사제의 상위가 구별되는 특권 또는 교계적인 신분상의 자만으로 보지 않고 공동체 지도자로, "모든 이들의 봉사자"(마르 9,35)로서 그 직책에 맞추어져 있음을 분명하게 밝힌다. 성찬례 잔치를 보통의 잔칫상과 동일선상에 놓고 그 식사 예법을 성찬례 잔치의 본보기로 삼아서는 안된다. 영성체는 우리가 상세히 설명한 바와같이 그 내적 의미로 보아 그리스도 제사에 한몫을 차지하는 것으로서 그 제사는 성부께 향한 그리스도 자신의 희생 안에서 받아들여진다. 영성체자도 자신의 고유한 희생으로 그리스도의 제사가 바쳐진 성부와 결합되어야 한다. 그러므로 성체를 영하는 데 있어서 사제의 상위는 그가 제사를 준비하는 데 있어 그리스도의 초대를 첫번째로 따르고 자신이 모범을 보임으로써 공동체에 솔선수범한다는 표현이다. 소위 서민적인 식사를 이유로 이 순서를 바꾸고 싶어하는 사람들에게는 서민의 잔칫상에서도 초대받은 사람들이 주인보다 먼저 음식과 술을 들기 시작하는 것은 미풍양속에 어긋난다고 여긴다는 사실을 지적할 수 있을 것이다.

신자들의 영성체

이어지는 신자들의 영성체는 사제의 영성체 때 이미 시작되어야 하는 "영성체송"이 함께한다. 이 영성체송의 의미는 "영성체자들의 영신적 일치를 함께 노래하는 가운데 표현하며 성체를 모시기 위해 나아갈 때 마음의 기쁨을 드러내고 형제적 결속감을 심화시키는 데 있다"(「총지침」 56항 i). 이 노래의 다른 가능성에 대해 이어지는 단락에서 더 상세히 서술하고 있다: "로마 성가집의 응송이나 시편을 사용할 수도 있고 주교단에서 인준한 다른 성가를 사용할 수도 있다. 노래는 성가대만 혹은 신자들과 함께 선창자가 부른다. 노래를 하지 않을 경우에는 미사경본의 영성체송을 교우들이나 한 단체 혹은 독서자가 읽는다. 부득이한 경우에는 사제가 영성체한 후 신자들에게 주님의 몸을 나누어 주기 전에 자신이 직접 말해야 한다."

영성체 분배시에 사제(부제, 시종자, 성체 분배 협조자)는 영성체자들에게 마다 성체를 약간 들어올려 보이면서 "그리스도의 몸"이라고 말하고 그들은 "아멘"이라고 응답한다. 과거 ("우리 주 예수 그리스도의 몸은 당신의 영혼을 지켜주시어 영원한 생명으로 이끄소서")보다 크게 축약되어 영성체자가 많을 때 무척 실용적인 이 수여 양식에 대해 우리는 교부 성 아우구스티누스(+397)에게 감사해야겠다. 길이가 짧아졌음에도 불구하고 이는 본질적인 성찬례 신앙고백을 담고 있으며 그리스도의 성찬 축성문인 "이는 내 몸이다"의 전수(傳受)인 것이다. 신자들의 "아멘"은 우리를 위해 희생하신 주님의 현존을 믿는 신앙의 긍정이자 이 희생에 자신을 결합시키려는 준비의 긍정이다. 이 "아멘"은 또렷하고 들을 수 있을 정도의 긍정이 되어야 한다. 중얼거림이 되어서는 안된다.

손으로냐 입으로냐?

9세기에 들어서기까지는 거룩한 하느님의 선물로서의 성체를 신자들의 손바닥에 놓아주는 것이 일반적인 관습이었다. 주님의 몸에 대한 깊은 공경을 말해주는 이에 관한 명백한 예를 4세기 말경에 예루살렘의 주교 시릴로(혹은 요한?)의 "신비 교리"가 우리에게 보여준다. 거기에 특히 이런 말이 있다:

> 이제 나아가서 … 왕을 모셔야 할 오른손을 위해 왼손을 어좌로 삼으십시오. … 그리고 그리스도의 몸을 집어서 받아 모시며 "아멘"이라고 말하십시오. 그런 다음 조심성을 다해 거룩한 몸을 접촉함으로써 눈을 거룩하게 하여 이를 영하십시오. 그러나 조금이라도 거기서 떨어져 나가는 것이 없도록 조심하십시오. …(V. 21).

한때 나중에는 받아 모시는 손을 미리 흰 천으로 덮기를 요구하기도 했다. 공경심과 거룩한 두려움이 점점 더해 가서 마침내 9

세기에 와서는 성체를 혀에 놓는 데까지 이르렀다. 이렇게 아주 작은 한 조각이라도 땅바닥에 떨어질지도 혹은 다른 방법으로 성체를 남용할지도 모른다 하여 위험하게 여긴 것이다.

제2차 바티칸 공의회 이후 많은 나라에서는 다시금 손으로 받아 모시는 영성체를 허락하도록 노력을 경주했다. 주교회의 석상에서 돌아가면서 묻는 교종의 질문에 대다수는 오직 입으로 하는 영성체를 지지하였다. 그러나 명망있는 소수를 고려하여 경신성성은 1969년 5월 29일의 훈령 「주님의 기억」*Memoriale Domini*에서 이미 손으로 받는 영성체가 널리 퍼진 나라에서는 그 나라의 주교회의 재량에 이를 맡겼다. 한 비밀투표에서는 참석자 3분의 2 다수가 손으로 받아 모시는 영성체를 지지했고, 사도좌로부터의 확인이 있고 난 후에는 손으로 하는 영성체가 동등한 권리를 가지는 양식으로 인정되었다.

이 가능성을 독일어권 지역의 주교회의는 (다른 곳에서와 마찬가지로) 1969년에 관례로 삼았고 그에 상응한 원칙을 발표하였다. 여기서 가치를 두는 것은 놓여진 성반이나 또는 건네어진 성반에서 직접 성체를 집어 모시지 않는다는 데 있다기보다는 성체가 성체분배 협조자로부터 영성체자 각자의 손에 주어져서 그들 자신이 이를 곧바로 입으로 영하는 데 있다("셀프 서비스" 대신에 수여). 그밖에, 어느 쪽 손에 성체를 놓을지는 문제되지 않는다.

마땅한 경외심이 두 가지 영성체 양식에 모두 연결될 수 있고 또 그래야 한다. 비록 지난 세기에 더러들 불안해하는 두려움과 지나친 죄의식 및 부당함을 느끼던 그런 의식들은 추구할 만한 이상이 아니라 하더라도, 그와 반대로 경외심이 없는 태도 또한 확산되어서는 안된다. 영성체하는 사람의 태도와 몸짓을 보고 미사 전례에 함께한 비그리스도인이 신앙의 깊은 신비가 여기서 이루어진다고 느낄 수 있어야 할 것이다.

두 가지 양식이 똑같이 적합하고 동등한 권리를 가지므로 주교들은 이로 인해 논쟁문제를 만들어 내는 것을 명백하게 금한다. 이것은 바로 지금 성체를 영함으로써 심화되어야 하는 일치와 사랑의 정신을 유감스럽게도 위반하는 것이다.

신자들의 성혈 배령

모든 성찬 제정 및 축성문과 성찬례의 약속 말씀에서 성작의 성혈을 마시는 것은 축성된 빵을 먹는 것 못지않게 중요하다. 그러므로 평신도의 성혈 배령도 처음에는 모든 그리스도교의 일반적인 관례였다는 것은 놀랄 일이 아니다. 성혈 배령은 13세기까지 로마-가톨릭 교회 안에서도 통상적이었다. 이 관례가 서서히 사라진 데는 무엇보다 두 가지 이유가 있었던 것 같다: 그리스도의 거룩한 피를 흘림으로써 중대한 과실을 범할 수 있다고 불안해한 지나친 염려가 그 하나요, 둘째로 중요한 이유는 변화된 빵 안에 살아 계신 그리스도께서 온전히 당신 피와 더불어 계시다는 중세 신학의 인식에 있었다. "평신도 성혈 배령"의 공식적인 금지는 1415년 콘스탄틴 공의회 때에 비로소 양형 영성체가 구원에 필요하다는 후스파 교리에 대한 반발로서 결정되었다.

원래 관례로의 조심스러운 첫 접근은 제2차 바티칸 공의회에서 이루어졌다. 「전례헌장」에서 일컫기를 "뜨리덴티노 공의회에서 확정된 교리신학적 원칙을 침해하지 않고 교황청이 규정할 경우 두 형태, 즉 주의 몸과 피의 배령은 주교의 판단에 따라 성직자와 수도자 및 평신도에게도 허락할 수 있다. …"(55항). 이 가능성은 이후 점차 확대되어 「총지침」에서는 벌써 14개 구성원에게 성혈 배령을 허용한다(242항). 1970년 6월 29일에 나온 성혈 배령에 관한 훈령은 주교회의에 계속되는 신장에 대한 전권을 줌으로써 또 한 번의 확장을 가져온다. 이에 대해 독일어권 지역 주교회의는 1971년 성혈 배령을 "소공동체 미사"와 "참석자가 많지 않다면 현저히 중시되는 축일들의 미사" 때에 이를 허용함으로써 훈령을 적용시켰다[참조: 해당 지침의 예를 들면 Gd 5 (1971) 79쪽 이하].

몇 백 년 동안 내려온 두려움을 해제시킨 이유를 「총지침」 240항은 밝히고 있다: "양형 영성체는 표지라는 이유에서 가장 완전한 영성체 형태이다. 양형 영성체로써 성찬의 표시가 나타나고, 주님의 피로 새롭고 영원한 계약을 맺으신 주님의 뜻이 더욱 명백히 표현되고, 성찬과 하느님 나라에서의 종말론적 만찬의 관계도 명백히 표현되기 때문이다."

개개의 경우 주도하는 사제, 또는 본당에서는 본당신부가 이 확장 가능성을 이용할 것인지를 결정해야 한다.

성혈 배령의 방법에 관한 한 「총지침」(243~252항)은 네 가지 가능 형태를 보고 있다:

a) 성혈을 성작에서 직접 마시는 방법
b) 성체를 성혈에 적셔서 영하는 방법
c) 흡입기를 사용해서 영하는 방법
d) 작은 숟가락을 사용하는 방법

교령과 독일어권 주교들의 가르침에 의하면 성혈을 성작에서 직접 마시는 방법이 그 완전한 상징성 때문에 선호되어야 한다. 분배자는 성작을 건네기 전에 "그리스도의 피"라고 말하고 영성체자는 "아멘"이라고 응답한다. 보통으로 영성체자가 직접 성작을 들고 성혈을 마신 다음 분배자에게 되돌려준다. 그러면 분배자는 성작 가장자리를 성작 수건으로 닦는다. 양형 영성체를 하는 미사에서 자기가 성혈을 마시고자 하는지는 신자 각자에게 임의로 맡겨진다.

첫 천 년 동안에는 동방과 서방 교회에서 영성체를 서서 하는 것이 상례였다. 12세기가 흐르는 동안 장궤하여 영성체하기 시작했다. 지난 공의회 이후 다시 서서 영성체하는 풍습이 생겨났다. 1967년 5월 25일에 나온 「성찬례 신비의 거행과 공경」에 대한 훈령은 무릎을 꿇거나 서서 영성체하는 것을 신자들의 자유에 맡겼다. 아울러 훈령은 다른 상황, 특히 공간적인 조건과 영성체자의 숫자를 고려하고 영성체가 형제적 일치의 표지가 되기 위해서는 사목자들에 의해 제시된 형태를 기꺼이 지키도록 권고한다 (34a).

같은 날 두 번의 영성체

하루에 한 번만 성체를 받아 모시는 것은 수백 년 동안 내려온 풍습에 상응하며, 교회법전에도 규정되었다. 그러나 1967년 5월 25일에 나온 「성찬례 신비」라는 경신성성 훈령을 통해 신자들에게 하루에 두 번 영성체할 수 있는 세 가지 경우가 허용되었다:

a) 토요 특전미사 내지는 의무 대축일 전날 저녁에 미사 참여 의무를 채우고자 할 경우에는 그날 아침에 이미 영성체했더라도 다시 영성체할 수 있고,

b) 부활 성야 또는 성탄 밤미사에 이미 영성체했더라도 부활 낮미사와 성탄 낮미사에 다시 영성체할 수 있으며,

c) 성 목요일의 성유 축성미사에 영성체했더라도 저녁에 거행하는 주의 만찬미사에서도 영성체할 수 있다.

이 허락들은 1973년 1월 29일에 나온 경신성성의 훈령 「헤아릴 길 없는 사랑」*Immensae caritatis*을 통해 현저히 확장되었다: 만일 신자들이 같은 날 이미 영성체를 했거나 또는 이미 미사를 지낸 사제가 다음 미사에 참여하면 다음의 경우에 그들에게 다시 한번 영성체가 주어진다.

1. 세례 · 견진 · 병자 · 서품 · 혼인 성사 수여와 결부된 미사와 첫영성체 미사,
2. 성당이나 제단 축성과 결부된 미사, 수도서원 미사, 선교사 파견미사,
3. 죽은 이를 위한 다음의 미사 때: 사망일 미사, 부고받은 후 첫미사, 장례미사, 사망 일주년 미사,
4. 성체성혈 대축일의 중심미사 및 같은 날 사목적 공식 방문일에 주교좌나 본당에서 집전되는 중심미사, 또 수도회 최고 장상이 수도원이나 참사회를 공식으로 방문할 때 장상 자신이 집전하는 미사,
5. 국제 및 전국, 또는 지역 및 교구 차원의 성체대회나 마리아 대회의 중심미사,

6. 회합이나 성지순례를 의한 중심미사.
7. 노자성체 수여 미사 및 이 미사에 함께하는 병자의 가족 및 친지에게도 성체가 주어질 수 있다.
8. 위에 언급한 경우 외에도 추가로 교구장들은 이 훈령에 따라 재차 영성체하는 것이 정당하다고 판단되는 경우에는 그때마다 같은 날 두 번 영성체할 수 있도록 허락할 수 있다.

성찬례 공심재

초기 그리스도교계는 이미 "아무 음식도 먹기 전에"(떼르뚤리아누스) 성체를 영하는 것을 알고 있었다. 동방교회들은 지금까지도 영성체 전에 대부분 연장된 단식을 지키고 있다. 로마 가톨릭 교회에서는 다음날 아침에 영성체하기를 원하면 전날 자정부터 음식이나 음료를 멀리하는 법적 규정이 중세 후기에 생겨났다. 이 규정은 제2차 세계대전까지 성체교리(예를 들면 첫영성체 교리교육)에서 종종 과도하게 강조하는 교육 소재가 되었으며 이에 대한 무시는 불경한 영성체가 되었다. 수없이 공습경보가 울리고 방공호 속에서 밤을 지새우는 전쟁의 와중에서도 힘든 생활 여건 때문에 이 규정의 다른 경감조치가 있을 뿐이었다. 이 규정이 공의회 이후의 다른 문헌들에서 확정되었던 것처럼, 지금의 유효한 규정에 의하면 다음의 것들이 적용된다:

건강한 사람은 성체를 배령하기 한 시간 전에 어떠한 음식이나 음료도 — 물은 제외하고 — 먹거나 마셔서는 안된다. 그렇지만 특정한 사람들을 위해서는 성찬례 공심재空心齋는 15분으로 축약된다. 여기서는 1973년 1월 29일에 나온 경신성성의 훈령 「헤아릴 길 없는 사랑」에 의거한 해당 본문을 인용한다(No. III):

1. 비록 침대에 누워 있지는 않더라도 병원이나 집에 있는 병자들.
2. 고령으로 인해 집을 떠날 수 없거나 또는 양로원에 사는 노인들.
3. 비록 누워 있지는 않더라도 미사를 지내거나 성체를 영하는 고령의 사제나 환자 사제들.
4. 한 시간의 공심재를 지키기가 어려울 수밖에 없는 환자나 노인들을 간호하는 사람들, 마찬가지로 그들과 함께 성체를 모시고 싶어하는 가족들.

상당히 단축된 이 공심재에 대한 이유를 위의 교령은 밝히고 있다: "성사의 품위를 알고, 오시는 주님을 기쁜 마음으로 기다리도록 일깨우기 위해서는 가능한 한 성체를 배령하기 전에 침묵과 묵상의 시간을 가져야 한다."

변함없이 유효하게 남아 있는 것으로서, 죽음의 위험에 처해서 노자성체를 모시는 사람에게는 옛 교회법전Codex juris canonici(858 §1)이 이미 정했던 것처럼 공심재 규정이 적용되지 않는다. 1983년에 나온 새 교회법전은 919조 3항에서 위에 언급된 네 부류의 사람들을 위해 15분의 공심재 시간을 더 강하게 축약한 것으로 보인다. 노인들이나 병자들뿐만 아니라 그들을 간호하는 이들도 비록 한 시간 이내에 조금 먹었더라도 성체를 영할 수 있다.

성체 분배 협조자

교회 초창기에는 신자들이 성찬례가 없는 날 집에서 성체를 영하거나 병자들과 갇힌 이들에게도 전해줄 수 있도록 그들에게 성찬례 빵을 주어 보내는 것이 일반적인 풍습이었다. 후세기에도 위급한 경우에는 언제나 평신도에게 성체를 병자들과 갇힌 이들에게 전해주도록 위임했다.

제2차 바티칸 공의회 이후 절박한 사제 부족 현상을 고려하여 특별한 성체 분배자 임명이 많은 나라에서 점차 확대되었다. 1969년 이후부터는 여자들에게도 허용되었다. 1973년 1월 29일에 나온 훈령「헤아릴 길 없는 사랑」은 이와 관련된 규정에 어떤 결론을 이끌어 내었다. 이에 의하면 교구장들은 적합한 평신도에게 개별적인 경우나 제한된 시간뿐 아니라 항구적으로도 성체를 분배할 수 있는 허락을 주는 권한을 가진다. 전제조건들은 사제·부제·시종자들이 없거나 또는 영성체자가 너무 많아서 미사 집전이나 미사 외의 성체 분배가 너무 오래 계속되어야 하는 경우들이다. 이 전권은 병자에게 성체를 노자성체로서도 모셔가고 자신에게 수여하는 것도 포함한다. 1976년부터 성체 분배자들은 성체 분배가 있는 말씀 전례를 인도하고 성체를 성체함이나 성광 안에 모셔 공경하기 위해 제대 위로 옮길 수 있는 권한을 가진다. 그러나 성체강복은 사제나 부제들에게 유보되어 있다.

이를 위해 특별한 예식이 공포되었던 이 위임식은 신자들에게 알려져야 한다: "그의 위임이 신자들에게 놀라움을 불러일으킬 수 있는 사람이 결정되지 않기를." 부득이한 경우에는 예외적으로 집전하는 사제 자신이 적합한 사람을 성체 분배자로 위임할 수 있다.

그동안에 독일어권 지역에서만도 수천 명의 남자와 여자에게 이 임무가 수여되었다. 공동체를 위해 최선인 "성공한 실험"이라고 마땅히 말할 수 있다. 이 위임에서 세례와 견진을 통한 평신도의 공통 사제직에 관한 말이 결코 빈말이 아니라는 점도 분명해진다. 성체 분배 협조자들에게 주교 또는 그의 이름으로 건네어지는 위임증서에서도 이 신학적인 토대가 언급된다: "그[그녀]는 세례와 견진을 통하여 신자들에게 주어졌던 공통 사제직으로 이 공동체 직책을 수행할 자격을 얻는다."

물론 이 위임에 앞서 타당한 준비가 교구나 지역 차원에서 선행되어야 한다. 이 준비는 실천적인 안내를 주는 것뿐만 아니라 성사신학 및 공통 사제직 신학에까지도 미친다. 그밖에도 많은 교구에서는 피정 때에 신학의 계속 교육 및 영적 심화가 제공된다.

성체 용기 닦음

성체 분배가 끝나면 남아 있는 성체는 감실로 옮긴다. 그러나 몇 개만 남아 있으면 성체 분배자가 영할 수 있다. 이것은 성혈 배령 때의 남아 있는 축성된 성혈에도 적용할 수 있다. 이제 성작 위에 놓여지는 성반을 먼저 성작 수건으로 닦는다. 그 다음 포도주와 물 또는 물만으로써 성작을 깨끗하게 하고 사제는 그 씻어

낸 물을 마신다. 그러고는 성작 수건으로 성작을 닦는다. 이 청결작업을 제대 옆에서나 또는 주수상에서 한다. 이때 사제는 이미 옛 성무 집전서들 안에서 나타나고 받아 모신 성체와 관계되는 침묵 기도를 바친다:

> 주님, 저희가 모신 성체를 깨끗한 마음으로 받들게 하시고
> 현세의 이 선물이 영원한 생명의 약이 되게 하소서.

특히 닦아야 할 그릇이 많을 때는 미사 후에 그것들을 닦을 수도 있다(「총지침」 120항 그리고 「미사경본」 523쪽). 분명 세세한 부분까지 지시하는 그런 규정들이 많은 이에게는 사소하게 여겨질 것이다. 그러나 다른 한편 이것들은 성사와 그 안에 현존하시는 그리스도께 대한 열렬한 공경의 표현이다.

침묵 기도, 감사 노래, 영성체 후 기도

성체 분배 후 그릇을 씻고 나면 "사제는 사제석으로 가고 신자들은 얼마 동안 침묵 기도를 바치거나 찬미가나 감사 시편을 노래하기를 권고한다"(「미사경본」 524쪽, 참조: 「총지침」 56항 및 121항). 그러한 묵상과 감사기도의 시간은 받아 모신 성체신비의 의미에 잘 어울린다. 물론 불필요한 미사 전례의 연장으로 인하여 생기는 조급함을 확산시키지 않게 하기 위하여 경우에 따라 공동체에게 침묵 기도의 의미를 설명해 주는 것은 권장할 만하다.

영성체 부분과 좁은 의미에서의 성찬례는 영성체 후 기도$_{post-communio}$로써 끝난다. 영성체 후 기도는 여타의 주도자 기도 형식과 마찬가지로 크게 말하거나 노래한다. 그러니까 기도 초대, 넓게 벌린 팔과 공동체의 "아멘"이라는 응답이 함께한다. 사제는 이때 사제석에 혹은 제대에 선다. 이 기도는 받아 모신 선물에 대해 감사드리고 대개는 이 감사와 더불어 거행했던 신비의 영속적인 결실을 이 세상의 삶과 영원한 완성의 나라에서 간청하는 청원을 연결시킨다. 본기도 및 봉헌기도와 비슷하게 독일어판 미사경본은 평일미사의 영성체 후 기도를 위해 많은 수(15개)의 선택 예문들을 제시하고 있다(「미사경본」 525~9쪽). 그중 한 예문을 인용한다:

주 하느님,
당신의 식탁에 초대한 세례받은 이들의
본성에 당신은 성자의 모습을 새기기를 원하셨나이다.
저희가 복음을 따르고 당신 성령께 자리를 만들어
드리도록 저희에게 용기를 주소서.
우리 주 예수 그리스도를 통하여 비나이다.

4

마침 예식

사목적 훈화

영성체 후 기도가 끝나면 본당의 공지사항이나 사목상의 훈화가 따라올 수 있다. 영성체 후 기도 다음의 이 자리가 강론 전 또는 후에 했던 과거의 관습보다는 분명 훨씬 나은 자리다. 장황한 설명은 성찬례의 생생한 느낌을 깨뜨리는 심리적 장애를 일으킬 수 있다. 공지 사항이 많으면 본당 주보나 게시판을 이용해야 한다. 사제는 "성찬례 전체를 종결짓는 마침 말"(「총지침」 11항)을 하고 여기에 개인적인 작별인사도 연결시킨다. 공지 사항을 위한 장소는 사제석이며 이에 비해 이어지는 강복은 제대에서 하기를 권고한다.

강 복

전례적인 관습에 따르면 사제는 이제 두 팔을 넓게 벌리고 공동체에게 "주님께서 여러분과 함께"라는 성서적인 강복 축원을 상기시키고 공동체는 이에 대해 응답한다. 강복은 말로 하거나 노래로 할 수 있으며 이때 사제가 공동체 위에 십자 표시를 긋는 강복 말씀은 다음과 같다: "전능하신 천주 성부와 성자와 성령께서는 여기 모인 모든 이에게 강복하소서."

"특별한 날이나 특별한 기회에 사제는 단순 강복 대신에 장엄 강복 양식 내지 '백성을 위한 기도'Orationes super populum를 바칠 수 있다"(「미사경본」 530쪽).

장엄 강복 때 부제(사제)는 먼저 강복받기 위해 무릎을 꿇거나(「미사경본」 532쪽) 또는 고개를 숙이도록(「로마 미사경본」) 권유한다. 그런 다음 사제는 공동체 위에 팔을 펴들고 삼위일체의 기도를 말(노래)하고, "전능하신 천주 성부와 성자와 성령께서는 …"라는 강복 청원으로 마친다.

"백성을 위한 기도" 때 처음에 무릎을 꿇거나 또는 고개를 숙이자는 권유가 다시 등장한다. 그런 다음 "전능하신 천주 … 저희를 강복하시어 언제나 저희 곁에 머무소서"라는 강복 양식으로 끝맺는 스물여섯 개의 기도 중 하나가 따라온다. 공동체는 "아멘"이라고 응답함으로써 이를 뒷받침한다. 이러한 백성을 위한 축복기도들은 옛날 사순시기의 평일미사에 연결되어 있었다. 이제는 한 해 전체에 걸쳐 "미사나 말씀의 전례, 시간기도의 일시 끝 부분에 또는 성사 수여의 종결에"(「미사경본」 568쪽) 사용할 수 있다. 날씨 강복을 위해서는 장엄 강복 때의 한 양식도, "백성을 위한 기도" 때의 한 양식도 사용할 수 있다.

강복 때 신자들의 십자성호는 미사경본에 언급되어 있지 않다. 그렇지만 이는 의미있는 몸짓으로서 보존되어야 한다. 십자가는 하느님 나라에서 온갖 축복의 원천이 되었다는 것을 나타내기 때문이다.

파견 외침

이어지는 외침은 로마 미사경본에서 "이떼 미사 에스트"Ite, missa est로서, 부제 혹은 사제에 의해서 말해지며 글자 그대로는 "가시오, 파견입니다"(missa는 라틴어 dimissio에서 기원)라는 뜻이다. 고대 이교도 시대에는 이 말로써 모임의 종결을 가리켰다. 독일어 번역 "평화로이 떠나시오"는 그러므로 이어지는 해석으로 알아들어야 한다. 동방의 크리소스토모스 전례에서도 시작 부분에 무척 포괄적인 사제의 파견 본문이 자리하고 있다. "평화로이 가십시오." 이에 대한 공동체의 응답은 "주님의 이름으로"였다.

"미사"라는 우리의 표현은 라틴어 파견 외침에서 기원한다. 파견은 이미 오래 전부터 강복과 연결되어 있었기에 사람들은 "미사"를 성찬례에 참석한 사람에게 선사되는 강복으로 알아들었다. 하느님의 모든 선물 또한 과업이 되고 감사의 삶 그리고 하느님의 기쁜 소식과 은총 전달의 의무가 지워지기 때문에 사람들은 "이떼, 미사 에스트"를 라틴어 "미씨오"missio에 의거하여 파견으로, 그러니까 "가십시오, 여러분의 파견이 시작됩니다"라는 의미에서 파견으로 이해했다. 이 해석에서도 성체성사의 의미지향이 바로 자리하고 있다. 하느님의 선물은 언제나 하느님 나라에 봉사하고자 하며 그러한 과업이 되기 때문에 하느님 은총의 총체적 개념(샬롬)으로서 평화를 전하는 것이 이에 해당된다. 「당신의 평화 안에서」라는 잘 알려진 성가(「성가집」 473)는 이 의무를 정확하게 표현하고 있다. 즉, 그리스도 안에서 그리스도인들의 사랑의 일치를 위한 노력으로, 그리고 말과 삶 안에서 주님의 "호의"에 대한 증거를 기꺼이 행하는 것으로 표현한다.

오 주님, 저희가 당신 식탁에서 자리를 마련하게 될 그때까지
당신 안에서의 사랑과 충실이 우리 모두를 묶어주시며
손과 입이 매 시간 당신의 호의를 선포하게 하소서.

「미사경본 총지침」이 미사 전례의 마침 부분에 대해서 "참여자들이 주님을 찬미하며 자기 일을 착하게 하도록 파견되는 것이다"(57항 b)라고 말하는 것은 바로 이 사상을 되새기게 한다.

미사 전례의 마지막 말은 공동체의 "하느님 감사합니다"이다. 이 말은 놀라우신 구원 업적에 대한 크나큰 감사인 성찬례를 감사하는 가운데 회상하는 것과 같다.

제대 친구와 퇴장

사제와 부제는 이제 미사 전례 시작 때 인사로서 했던 것처럼 그리스도를 상징하는 제대에 작별의 인사인 친구를 한다. 복사들과 함께 제대 앞에서 깊이 절하고 제의실로 되돌아간다. 성체를 모신 감실이 제대 가까이에 있으면 옛 로마-가톨릭의 풍습에 따라 장궤한다. 「총지침」은 이에 대해 명시하고 있다: "성체를 모신

감실이 사제석 안에 안치되어 있으면 미사 전후와 그 감실을 지날 때마다 장궤하도록 되어 있다"(233항. 한국 주교회의는 모든 장궤를 깊은 절로 대체하였다 — 역자 주). 미사에 바로 이어 다른 전례행위, 예를 들어 행렬이 이어지면 모든 마침 예식은 생략된다(「총지침」 126항).

본당들에서는 마침 또는 파견 성가와 관련하여 서로 상이한 관습이 있다. 많은 이들은 파견 외침인 "가서 그리스도의 평화를 나눕시다"에서 그 어떤 다른 행위를 금지하는 완전한 종결을 본다. 다른 본당들에서는 사제의 퇴장 때, 성찬례와 그때 그때의 축제시기에 즐거운 여운을 주는 성가가 불리어진다. 또 다른 곳에서는 오르간 또는 다른 악기를 통한 음악적 종결을 선호한다. 어떤 경우라도 합당한 논거가 분명 제기될 수는 있지만, 그렇더라도 하나의 일반적 규칙이 정립되지는 않는다. 여기서 개별 본당 공동체들은 아우구스티누스 주교의 유명한 말씀에 따라서 결정하는 것이 좋다: "필요한 경우에는 일치를, 의심이 있는 경우에는 자유를, 그러나 모든 경우에 사랑을."

III

특별한 형식의 미사 전례

이제까지 우리는 미사의 표준 형식이라고 부르는 공동체와 함께 하는 미사 전례에 대해서 살펴보았다. 표준 형식 외에도 미사 형식의 기본구조는 보존하면서도 다른 모습을 가진 미사 형식이 있다. 이 가운데는 공동집전 미사, 수도원 미사, 공동체 없이 사제 혼자 지내는 미사, 그리고 마지막으로 다음에 특별히 살펴보고자 하는 세 가지 형식의 미사인 아동 미사, 청소년 미사 그리고 그룹 미사라고 일컫는 소공동체 미사 등이 있다.

이미 제2차 바티칸 공의회는 「전례헌장」에서 아래와 같이 선포함으로써 전례 거행의 획일성이 이상은 될 수 없다는 인식에 도달했다: "로마식 전례의 본질적 통일성을 보존하는 조건하에, 여러 단체, 민족 특히 포교 지방에, 합법적 다양성과 적응의 길을 열어줄 것이니, 이는 전례서를 개정할 때에도 그러하다. 또한 이 원칙은 전례의 구조와 전례 규정 작성에서도 적절히 고려되어야 한다"(38항). 이로써 덴마크 신학자이자 작가인 쇠렌 키에르케고르의 지혜로운 충고가 존중되었다. 이 충고는 교육학의 주지主旨문장이 되어 있기도 하다: "한 사람을 특정한 곳으로 이끄는 일에 실제로 성공하려는 사람은 모든 일에 앞서 그 사람이 있는 그곳을 찾아내고 거기서부터 시작해야 한다는 점을 유의해야 한다."*

이 근본적인 인식과 가르침에 상응하여 새 미사경본은 주교회의에 그 지역을 위한 규범들을 확정하는 권한을 주었다: "각 주교회의는 「전례헌장」의 규정이 허락하는 범위 내에서 각 민족과 지역과 집단의 전통과 특성에 맞도록 여러 가지 규범을 정할 수 있다"(「총지침」 6항).

---

* Gesammelte Schriften, 33. Abteilung: Die Schriften über sich selbst, Düsseldorf – Köln 1951, 38.

1. 아동 미사

그러한 적응은 특별히 아동 미사에서 절박하게 여겨졌다. 그래서 독일어권 주교회의들은 그 원칙과 관심들을 작업해 내게 했다. 독일 교리교사 연합회와 트리어 전례연구소에 의해 이 원칙과 관심들이 1972년 "아동 미사"라는 제목하에 발간되었다. 이것은 1973년 11월 1일 경신성성의 「아동 미사 지침서」를 위한 귀중한 준비작업이었다.

위에 거명한 문헌들은 아이들의 이해와 협력을 가능하게 하고, 동시에 그들이 나은 전제로 공동체의 미사에 참여하기 위하여 기본구조는 보존하는 가운데서도 확실한 단순화를 규정하고 있다. 덧붙여서 어린이들이 가능한 한 능동적으로 전례에 참여하는 것, 예를 들면 제대 준비, 예물 행렬과 같은 전례적 행렬에의 참여를 통해서, 직접 그린 그림이나 짧은 장면 묘사를 통하여 생동감 넘치게 전례에 참여하는 것이 중요하다. 그렇더라도 아동 미사 또한 생각할 수 있는 침묵 단계와 알맞게 인도를 한 후의 침묵기도를 필요로 한다.

아동 미사를 주도하는 사제에게는 "축제의 분위기를 띠고 형제적 친밀감을 나타내며, 묵상하는 특성"(「아동 미사 지침서」 23항)을 주고 무엇보다도 "개인적 준비와 타인과의 행동과 말을 통하여"(「지침서」 23항) 아동들의 올바른 성향을 촉진시키기를 기대한다.

지침서는 기본구조를 보존하면서 미사 전례 안에서 수많은 적응을 필요한 것으로 여기고, 그럼으로써 동시에 전례 주도자의 창의성이 고려되어야 하는 일정한 테두리를 경계짓는다.

시작 예식에서는 "때때로 한 요소 또는 다른 요소를 생략하거나, 어떤 요소는 더 자세히 꾸미는 것"(「지침서」40항)이 허용된다. 시작 예식을 마감하는 본기도는 즐겨 미사경본에서 선택할 수 있다(50항). 여기서는 어린이의 이해에 맞는 본문 적응이 허락된다(51항).

말씀 전례에서는 독서집에서 벗어나거나 성서에서 선택될 수도 있지만 적어도 하나의 성서 독서가 봉독되어야 한다. 「지침서」의 권고에 부응하여 독일어권 주교회의는 두 권의 『아동 미사 독서집』을 발간하게 했다. 1권(1981)은 전례력에 따른 독서와 "교회"라는 주제에 맞는 독서들을 제공한다. 2권(1985)은 아동들의 삶의 세계와 생활체험에 더 알맞도록 방향을 맞추었고 "아동들의 삶의 세계", "그리스도인의 삶의 질서"(십계명) 그리고 "신앙의 증인으로서의 성서 인물들"이란 단원으로 정리되었다. 덧붙여진 "사목상 일러두기"(머리말)는 아동들도 독서를 봉독하는 데 협력할 수 있다고 로마 「지침서」와 일치하여 쓰고 있다. 적합한 본문을 분담하여 봉독할 수도 있다. 비성서적 독서나 이야기 그리고 적합한 그림을 보이고 설명하는 것은 성서 독서의 도입으로서 권할 만하다. 강론 외에 어린이들과의 대화나 장면 표현(교리교육적인 놀이) 또는 그때그때 독서의 주제를 직접 표현한 그림이 선포된 본문 설명이 될 수 있다. 부모나 교리교사도 하느님 말씀의 해설자 역할을 맡을 수 있다. 시편 형식이나 시편성가 혹은 알렐루야 형식의 화답송에 어린이들은 항상 협력해야 한다.

예물 준비에 관해서는 앞에서 이미 제대 준비와 예물 행렬 때 어린이들의 협력에 대해서 언급한 바와 같다.

감사기도를 위해서는 경신성성이 1974년 11월 1일에 공포하였고 1980년 독일어권 지역을 위해 시험판 형태로 나왔던 세 개의 양식이 마련되어 있다. 이 양식들은 「미사경본 총지침」서 55항이 기술한 대로 비록 아주 축약된 형태이지만 중요한 요소 모두를 아이들의 언어로 담고 있다.

감사기도에 아동들의 능동적인 참여를 촉진시키기 위해 환호의 숫자를 늘리고 그것도 노래로 구성했다. 첫째 감사기도는 "우리의 아버지이신 하느님"에 특별한 강조점을 두며, 더 알아듣기 쉽게 표현한다. 둘째 감사기도("당신은 우리를 사랑하십니다")는 더 많은 아이들의 참여를 염두에 두고 있다. 셋째 감사기도("하느님, 우리는 당신께 감사합니다")는 인도 대화문과 감사송 본문 사이와 "거룩하시도다" 이후 부분과 영성체 기원 후에서 교송할 수 있는 많은 부분(첨가문)을 가지고 있다.

표현 언어를 단순하게 했음에도 불구하고 개정자들은 "발육부진"의 위험성을 극복해 내지는 못했다.

영성체 부분과 관련하여 지침서는 주의 기도, 빵 나눔과 영성체 초대 부분을 중요한 요소로 여겨 삭제할 수 없게 한 사실을 중요시한다.

마침 예식에서는 강복 전의 짧은 권유의 말에 특별한 무게를 둔다. 여기서는 특별히 "전례와 실생활 사이의 관련성"(54항)이 밝혀져야 한다. 강복은 언제나 삼위일체 형식을 갖추고 십자가 표시로써 마쳐야 한다.

1. 아동 미사

물론 노래의 음악적인 구성에도 큰 비중이 주어져야 한다. 여기서 어린이 성가대나 합창단을 생각해야 한다. 특히 축일들에는 어린이에 맞는 악기 연주와 무엇보다도 어린이용 노래들을 배려해야 한다. 성가집에 있는 어린이 미사 성가를 특히 참조할 수 있다.

2. 청소년 미사

오늘날 청소년의 신앙 사정은 지난 세기보다 훨씬 큰 사목적 염려의 대상이 되었다. 이미 15여년 전에 특별히 청소년 전례의 문제점에 대해서도 다룬 뷔르츠부르그 교구 시노드는 청소년 "전례"를 결의했다. 거기에 특히 이런 말이 있다:

> 오늘날 사회와 교회의 형세에서는 자라나는 이들과 젊은이들이 전례의 길을 찾기가 쉽지 않다. … 부모의 집과 자기 가정 분위기에서 신앙을 위한 밑받침을 체험하지 못하는 청소년들의 수가 점점 많아지고 있다. 가정기도나 온 가족의 전례 참여도 그들의 경험 영역에 속하지 않는다. 부분적으로는 비그리스도교적 주변세계의 영향하에 자기 가정에서 체험한 신앙의 형태에서 점점 멀어지는 이들도 있다. 학교나 직장의 환경은 많은 젊은이들의 신앙을 문제시하고 있다. 수많은 젊은이들이 신앙으로부터 내적인 거리감을 느끼고 있다. 이 모든 것은 많은 젊은이들이 미사를 옛 전통 안에서 굳어진 의무 수행으로 체험하는 데 일조하고 있다. 그들에게 언어와 표지는 이해하기 힘들고 불분명하다. 많은 이들이 말한다: 우리는 전례 안에서 세상의 실제 문제점과 오늘날 인간의 문제를 만나지 못하고 동시에 전례는 그 통상적인 형식 안에서 참여자들의 인격적인 협력을 불가능하게 만든다고(4. 2. 1: 「시노드」 209쪽).

이러한 사실들은 청소년 사목이 가능한 한 청소년들의 신앙 사정과 심리상태에 맞는 전례 형태를 받아들이려는 노력들을 설명해 주고 있다. 이런 노력들은 「전례헌장」의 진술을 통하여 이미 보호와 용기를 얻고 있다. 「전례헌장」은 전례 교육에 있어 연령과 신분, 생활양식, 종교적 발전의 단계와 이해력을 고려해야 한다고 언명하며(19항: 34항) 그리고 "로마식 전례의 본질적 통일성을 보존하는 조건하에 여러 단계에 … 합법적 다양성과 적응의 길을 열어 준다"(38항).

지역 차원에서의 다양한 노력 외에 1971년 독일어권 지역에서는 청소년 전례를 위한 위원회가 결성되었다. 이 위원회는 비록 1973년 1월에 "청소년 전례를 위한 주지문主旨文"*을 내놓았지만 그러나 그들의 작업은 독일어권 지역 국가 시노드에서 나올 결정들을 고려하여 중단했다.

뷔르츠부르크 시노드는 청소년 전례를 자세하게 다루었다(4. 2: 「시노드」209-12쪽). 많은 청소년이 "예비자 위치"에 있으므로, 말씀 전례는 성찬례를 연결시키는 통로가 되는 특별한 임무와 기회를 가진다 하겠다. 그래서 지난 십 년 안에 성찬례와 연결되지 않는 많은 형태의 말씀 전례가 만들어졌다. 이 중에서도 "유년과 만년 계층", "청소년 십자가의 길", "전례의 밤"들은 특별히 언급할 만하다.

청소년과 함께하는 미사 전례를 위해서 시노드는 특히 우리가 다음 단원에서 더 상세히 다루게 될 1970년 9월 24일에 나온 소

---

* *Vgl. R. Sauer*, Jugend und Liturgie, in: KBl 98 (1973) 397-409.

공동체 미사(그룹 미사) 전례를 위한 독일 주교회의 원칙을 참조하도록 지시한다. 아울러 「아동 미사 지침서」의 적응 표준이 사용될 수 있다. 청소년 미사를 위한 새로운 감사기도를 제의해 주십사고 주교회의에 낸 시노드의 청원은 통과되었지만 로마로부터 동의를 얻지 못했다.

위에 언급한 핸디캡의 테두리 안에서 행하는 청소년 미사의 구성은 어떠한 경우에도 꼼꼼히 준비할 것을 요구한다. 이를 위해 지난 수년 안에 많은 근본적이고 실제적인 관심을 표명한 풍부한 작품들이 발간되었다.

청소년 미사에서 두 가지 관점을 특히 유의해야 한다. 첫째, 청소년들의 심리상태와 시대적인 정신자세를 고려하면서도 성찬례의 가장 내밀한 본질이 가려지거나 변조되어서는 안된다. 언제나 중요한 것은 삼위일체이신 하느님의 유일무이한 구원 업적과의 만남이다. 이 구원 업적은 아버지의 구원의지를 따른 아들의 희생제사 안에서 정점을 이루고 참여자들이 그 안으로 받아들여지게 해야 한다. 이 점에서는 그 어떤 연막이나 희석도 중지되어야 한다. 성찬례 이름을 부당하게 가지는 그런 것보다는 차라리 성찬례를 거행하지 않는 것이 좋다.

둘째 관점은 공동체 전례와 청소년 미사의 관계를 가리킨다. 청소년 미사가 공동체로부터 만들어진 캡슐이 되어서는 안된다. 오히려 전례행위가 되어야 하고, 공동체 형성의 일환으로 이끌어야 한다. 이에 대해 시노드는 큰 비중을 둔다(4. 2. 3. 2). 물론 이 점은 공동체의 어른들이 청소년들과의 공동작업을 보살피는 것을 전제한다. 이것은 그들이 전례 거행의 준비에 협력하고 또한 공동체의 중심미사에 일정한 거리를 두어 구성하게 함으로써 가능하다(4. 2. 3. 2: 「시노드」 211쪽 이하).

여타 본당생활에서 실현되어야 하는 그러한 공동성은 공동체 전체에 풍성한 효과를 미칠 것이다. 이것은 뷔르츠부르그 시노드의 확신이기도 하다:

> 모든 그리스도인과 교회 안의 모든 단체처럼 어린이들과 청소년들도 공동체 건설을 위하여 그들 나름대로의 재능과 과업을 가진다. 그러므로 아동과 청소년 전례의 제안들을 단순히 이 단체에 적합한 것으로만 여기지 말아야 한다. 오히려 공동체는 아이들이나 청소년들로부터 공동체 자신의 삶을 위한 풍요로움을 체험하는 데 대해 감사해야 한다. 아이들의 개방성과 즐거움, 청소년들의 자발성과 비판의식 및 의미있는 것으로 알았던 것을 위한 투신 등은 모든 이에게 가치가 있다. 그러므로 어린이들과 청소년들은 모든 신자들에게 도움이 되는 새로운 삶을 전례 안에 가져다준다(4. 3: 「시노드」 212쪽).

3. 소공동체 미사

「미사경본 총지침」이 주로 공동체 미사에 관심을 쏟은 데 대해 경신성성은 이미 1969년 5월 15일에 특정 단체와 공동체 그리고 소그룹 미사 전례를 위한 특별 원칙을 담은 지침「사목적 활동」 *Pastoralis actio*을 공포했다. 여기서 그러한 미사 전례의 정당성과 사목적 의미를 중히 여기고 개별 단체들의 특별한 사실들을 고려한다.

「총지침」의 이런 토대와 이와 관련한「총지침」의 일반 규정에 입각하여 독일 주교회의는 1970년 9월 24일 "소공동체 미사(그룹미사) 전례를 위한 원칙"을 공포하였다. 이 원칙은 여타의 독일어권 지역으로부터도 받아들여졌다. 한 가지 예외는 스위스 주교단으로서, 그들은 스위스 전례위원회의 협조로 그들 고유의 지침을 1971년에 공포하였다.* 아래에서 다루는 사항들은 독일 주교회의의 원칙들에 속한다.

이런 작은 단체들에서는 서로 다른 형태의 집단들이 문제가 될 수 있다. 가족 공동체와 이웃 공동체, 사도직 활동 단체들, 청소년 단체, 회의나 결혼식, 축하식 그리고 장례식의 참석자들과 손님들, 학교 급우 그리고 마지막으로 병자 주위에 모이는 작은 단

---

* Liturgisches Institut Zürich (Hg.), Meßfeier für bestimmte Personenkreise, Zürich 1971.

체들이다. 사람들이 그룹 미사와 가정 미사로도 표현하는 이러한 미사 전례에서는 공동체 미사(표준 형태)의 구조를 보존해야 한다. 아울러 그룹 미사가 공동체 미사의 축약 형태가 아니라 오히려 그 반대로 공동체 미사에로의 접근을 용이하게 한다는 사실에 관심을 가져야 한다: "소공동체 미사 안에서는 성찬례의 근본구조를 직접 체험하는 것이 가능하기 때문에 그로부터 더 큰 틀인 주일 공동체 미사에 대한 깊은 이해가 생겨날 수 있다. 아마도 큰 집회 때 있을 수 있는 그런 익명성을 짐스럽게 느끼지는 않을 것이다. 소그룹 안에서의 미사 거행은 각 개인이 더 쉽게 큰 공동체로 적응하는 데 도움이 되어야 한다." 그러한 그룹 미사들은 보통으로 주간 평일에만 개최되어야 한다.

그러한 미사 전례를 위한 장소에 관해서는 소규모의 전례 장소(예를 들면, 지하 경당, 평일미사가 거행되는 소성당)나 적합하게 정리된 거실이나 집회실을 권고한다. 환자의 방이나 노인들의 숙소도 거론될 수 있다. 전례 거행의 장소가 아닌 곳에서는 화려하게 준비된 식탁이 제대로서 충분하다. 성반과 성작과 같은 전례 용기는 생략되어서는 안된다. 참석자들의 복장과 행동이 성찬례의 품위와 부합해야 하는 것은 당연하다. 사제는 그리스도의 대리자로서 그리고 성찬 공동체의 주도자로서 알아볼 수 있어야 하며 그렇기 때문에 전례 복장을 포기해서는 안된다. "아주 예외적인 경우에도 사제의 특성 표시는 다른 성사들 수여 때 규정된 대로 충분히 드러나야 한다. 여기서 당연히 영대는 결코 빠뜨려서는 안된다"(II. 2).

성찬례 거행에 관한 한, 원칙은 그때그때의 사정과 참여자들의 이해 능력에 부합하는 기도문, 독서들 그리고 성가들을 세심하게 선택하도록 지시한다. 이것은 물론 원기도의 기본사상을 무시하지 않아야 하는 기도문 작성과도 관계된다: "신자들이 일치를 이루고 하느님의 말씀을 바로 듣고 합당하게 성찬례를 거행하는 것"(「총지침」 24항)이 시작 예식의 목적이기 때문에 성찬례에 앞선 모임에서 이미 그 목적을 이루었던 경우들이 있다(II. 3).

말씀 전례에서 성서 독서들이 비성서적인 것으로 대체될 수 없다. 그룹의 지체들은 성서 독서를 선택하는 데에 협력할 수 있다. 선택된 독서 중에는 항상 복음의 단락이 있어야 한다. 화답송 자리에 침묵 묵상이 자리할 수 있으며 강론은 영적 대화로 대체될 수 있다. 보편 지향 기도는 참여자들에 의해서 작성되고 읽혀질 수 있다.

예물 준비도 참여자들의 능동적인 협력하에 이루어져야 한다. 감사송 앞에서 참여자들은 감사의 현실적인 동기들을 표명할 수 있다. 빵 나눔과 성작에서 직접 성혈을 마시는 예식은 특별히 소그룹에서 쉽게 시행될 수 있고 또한 상징성이 강하다. 영성체 후 기도 전에 참여자들은 자유롭게 만든 기도문을 삽입할 수도 있다.

파견 강복을 위해서는 다양한 본문양식을 사용할 수 있다. "아가페가 이어진다면" 그것은 이미 거행한 성찬례와 분명하게 대조를 이루어야 한다"(II. 3. 마지막 문장).

확실히 소그룹으로 하는 그러한 성찬례는 일찍이 예루살렘 초대교회 공동체처럼 참여자들이 "한 마음과 한 영혼"이 되는 데 효과적으로 기여할 수 있다: "이 미사 전례들은 드물지 않게 두루 볼 수 있는 단체의 체험을 통하여 성찬례의 이해를 위한 새로운 통로를 열어보인다. 형제적 일치를 직접 체험할 수 있고 또한 각자는 전례 형태에 능동적으로 협력할 수 있다. 침묵과 묵상, 대화식 설교와 신앙 증언 안에서 놀랄 만한 방법으로 전례가 우리를 위한 하느님의 일이고 기쁨과 평화, 평안감과 확신, 희망과 위로를 선사하려 하고 또 할 수 있다는 점이 분명해진다"(결정 전례 3.2: 「시노드」 207쪽).

IV

주일과 성찬례

제2차 바티칸 공의회는 주일과 성찬례의 내적 관련성을 날카롭게 명시하였다. 공의회는 주일을 그리스도교의 "근원적인 축일" 및 "전례주년 전체의 기초요 핵심"으로 부른다(「전례헌장」 106항). 그 이유를 아래와 같이 밝히고 있다: "그리스도께서 부활하신 날에 그 기원을 둔 사도시대의 전통을 따라, 교회는 여덟째 날마다 파스카 신비를 경축한다. 바로 이때문에 이 날을 합당하게도 주님의 날 혹은 주일이라고 부르는 것이다. 이 날에 신자들은 함께 모여 하느님의 말씀을 듣고 성찬례에 참여함으로써, 주 예수의 수난과 부활과 영광을 기념하고, 하느님께 감사드려야 한다. 이는 하느님이 신자들을 '죽은 이들 가운데서 살아나신 예수 그리스도의 부활을 통해서 생생한 희망을 가지게 하셨기'(1베드 1,3) 때문이다."

큰 희망으로 공의회를 따르던 모든 이들에게 더욱 실망스러운 것은 수많은 통계숫자가 말해주듯 주일미사 참여자 숫자가 급격히 감소하고 있다는 사실이다. 이 현상은 한편으로는 변화된 생활양식(예를 들면 주말여행, 여가선용)으로 인해 미사 참여를 어렵게 하는 사회 발전에 기인하며, 다른 한편으로는 무척 놀라운 신앙의 소멸을 알리는 표시이기도 하다. 왜냐하면 성찬례가 힘의 원천이자 그리스도교적 삶의 정점이자 목적으로 믿어지는 곳에서만 성찬례의 참여 또한 내적 의무가 되기 때문이다.

적지않은 사람들이 "주일 의무"는 단지 교회법규로서 그 의무 성격을 중하게 여길 필요가 없다는 잘못된 생각으로 자신들의 불참 근거를 댄다. 또한 많은 이들은 주일미사에 마치 이웃 사랑의 활동, 일치를 도모하는 모임 혹은 문화적인 행사와 같은 가치를 두어 양자택일토록 이르거나 혹은 사람들은 "작은 방" 안에서나 산책 때 하느님의 놀라우신 자연 안에서의 기도를 통하여 개인적인 사적 신심을 보살피는 것을 같은 가치가 있는 것으로 여긴다.

이런 경향에 직면하여 이어지는 역사적이고 신학적인 방향 설정을 유의해야 한다. 이를 간략하게나마 주제 형태로 제시한다.

1. 유대인과 고대사회의 계산에 따르면 주간 첫날인 주일은 사도시대 공동체의 생활에 있어서 중요한 구원신학의 역할을 한다. 주일은

a. 선행한 수난과 함께 개관하면 그리스도교 신앙의 기원일로서 평가해야 하는 예수 그리스도의 부활의 날이요;

b. 부활하신 분이 제자들 앞에서 발현하신 날이며;

c. 성령의 능력 안에서 교회가 드러나고 파견되는 날로서 성령강림의 날이다.

2. 이 주일은 벌써 사도시대에 주님의 기념이 "주님의 잔치" 형태 안에서 본질적인 역할을 하는 (참조: 1고린 16,2; 11,17-34) 공동체 전례 모임의 우선적인 날이었다.

3. 이 전례에 참여하는 것은 첫 그리스도인들에게는 그리스도께 속하는 자신들의 소속감 및 그분의 몸과 피에 한몫을 차지하는(1고린 10.16 이하 참조) 당연한 표현이었으며, 들어올려지신 주님과의 일치에 대한 기쁨과 그분 재림의 즐거운 기다림의 표시였다. 여기서 사람들은 구원된 사람들과의 형제적 일치를 체험하였으며 형제자매들의 신앙 증거에서 자신의 신앙을 길러나갔다.

4. 주일 성찬례 참여는 그리스도교적 실존의 내적 필연성이었기 때문에 참여를 철저한 의무로 설명하는 교회법규를 우선적으로 필요로 하지 않았다. 그리스도 신앙이 바래지고 쇠퇴하기 시작한 그곳에서만 1세기 말경 히브리서에서처럼 교회의 지도층의 권고 및 경고성 계획이 등장한다: "우리는 어떤 사람들이 습관적으로 하듯이 우리의 모임을 포기하지 말고, 오히려 서로 격려합시다. 여러분이 보다시피 그 날이 가까이 오고 있으니 더욱더 그래야 되겠습니다"(10.25). 1세기 말경의 그리스도인들의 전례생활을 우리에게 설명해 주는 옛 그리스도교 문헌인 『디다케』도 "주님의 주일마다 여러분은 모여서 빵을 나누고 감사드리시오. 그러나 그 전에 여러분의 범법들을 고백하여 여러분의 제사가 깨끗하게 되도록 하시오"(14.1)라고 서술함으로써 주일의 성찬례를 내적 의무로 여기고 있다는 사실을 명백히 알아차리게 한다.

5. 안티오키아의 이냐시오에게는 주일의 성찬례는 바로 그리스도인의 표지이자 옛 법규에 따라 삽바트를 거행하는 유대인을 상대하는 구분 표지가 된다. 그는 마그네시아 교회에 보내는 글에서 그리스도인은 주님의 날을 지키지 않고는 살 수 없다고 쓰고 있다(9.1 이하). 2세기초에 발설된 이 고백은 4세기초에 북아프

리카 도시인 아비티네의 순교자들이 고문과 죽음의 위협에도 불구하고 "우리는 주님의 날 잔치dominicum 없이는 존재할 수 없습니다"라고 고백하는 바와 똑같은 고백이다.

6. 4세기부터 교회에 세례자들의 집단 유입이 시작되면서 그리스도교적 의식意識은 바래졌다. 그럼으로써 주일의 성찬례는 많은 사람들로부터 귀찮은 의무로 느껴졌으며 상대적으로 교회의 지도층은 주일 성찬례의 의무 성격을 점점 강하게 강조했다.

앞서 말한 역사적이고 신학적인 정언의 빛으로 보아 오늘날 많은 이들의 주일 미사 전례에 대한 무관심은 신앙과 그리스도교적 삶을 위해서는 치명적인 위험으로 보인다. 그러나 소위 세상에 대한 봉사의 우위성을 끌어대어 주일의 성찬례를 그 의미에서 한 단계 낮추고 싶어하는 사람들은 만일 그들이 끊임없이 그리스도의 사람으로 양육되지 않으면 세상과 사회 앞에서 그리고 세상과 사회를 위한 봉사와 노력은 즉시 파묻히거나 고갈된다는 사실을 염두에 두어야 한다. 이 그리스도 사랑의 원천은 무엇보다도 성부께 향하는 그리스도의 희생 안으로 우리가 받아들여지는 성찬례 안에서 우리에게 선물로 주어졌다. 모든 주님의 날에 이 원천을 새로이 흘러넘치게 하는 것이 소위 주일 의무의 목적이다. 그러므로 주일 의무는 많은 교회법규 가운데 하나로가 아니라 오히려 우리를 위해 구원하시는 그리스도의 희생에서 도출되는 내적이고 필요한 귀결로 간주되어야 한다.

인용 문헌

Blasig = W. Blasig, Für einen menschengerechten Gottesdienst, München 1981.
Denis-Boulet = N.-M. Denis-Boulet, Die Riten und Gebete der Messe, in: A.-G. Martimort (Hg.), Handbuch der Liturgiewissenschaft I, Freiburg u. a. 1963, 347-458.
Duffrer = G. Duffrer, Ein geglücktes Experiment, in: Gd 7 (1973) 137-140.
Dürig = W. Dürig, Das Vaterunser in der Messe, in: Gemeinde 323-330.
Emminghaus = J. H. Emminghaus, Die Messe. Wesen – Gestalt – Vollzug, Klosterneuburg 1976.
Hermans = J. Hermans, Die Feier der Eucharistie, Regensburg 1984.
Jungmann, Missarum = J. A. Jungmann, Missarum Sollemnia, 2 Bde., Freiburg u. a. ^{5}1962.
Jungmann, Erbe = J. A. Jungmann, Liturgisches Erbe und pastorale Gegenwart, Innsbruck 1960.
Jungmann, Weltkonzil = J. A. Jungmann, Das Konzil von Trient und die Erneuerung der Liturgie, in: G. Schreiber, Das Weltkonzil von Trient I, Freiburg u. a. 1951, 325-336.
Kaczynski = R. Kaczynski, Die Interzessionen im Hochgebet, in: Gemeinde 303-313.
Lengeling = E. J. Lengeling, Die neue Ordnung der Eucharistiefeier, Münster 1970.
Meyer = H. B. Meyer, Eucharistie, Geschichte – Theologie – Pastoral (Gottesdienst der Kirche, Handbuch der Liturgiewissenschaft IV) Regensburg 1989.
Müller = G. L. Müller, Laßt uns mit ihm gehen. Eucharistiefeier als Weggemeinschaft, Freiburg u. a. 1990.
Nikolasch = F. Nikolasch, Vom geteilten Brot, in: J. G. Plöger (Hg.), Gott feiern, Freiburg u. a. 1980.
Probst = M. Probst, Das neue Hochgebet und die verschiedenen Texte, in: Gemeinde 283-296.
Schneider = Th, Schneider, Zeichen der Nähe Gottes. Grundriß der Sakramententheologie, Mainz 1979.
Schnitzler = Th. Schnitzler, Was die Messe bedeutet, Freiburg ^{11}1990.

옮긴이의 말

한국 주교회의 전례위원회는 제2차 바티칸 공의회 이후 현행 미사통상문을 번역·사용케 한 지 30여 년 만인 1995년 3월『한국어 새 미사통상문』을 새로 개정하여 금년 4월 19일 로마 경신성성으로부터 승인받았다. 개정작업이 시작된 지 만 9년이란 긴 시간이 소요되었다. 새 미사통상문의 발행에 발맞추어 미사 전례의 의미를 간략하면서도 일목요연하게 밝혀주는 본서를 번역하게 됨은 큰 기쁨이 아닐 수 없다.

본서의 저자인 Adolf Adam은 독일 Mainz 대학 전례학 및 설교학 교수로서 수많은 성사·전례 서적을 저술해 내었다. 본서는 그 중 최근 작품으로서(1991) 기존의 미사 전례에 관한 작품과는 다른 특징을 가지고 있다. 옮긴이는 특히 본서가 사제들과 수도자 그리고 사제직을 준비하는 신학생들에게 꼭 필요한 작품임을 확신하고 이에 추천하고 싶은 열망에서 부족한 실력에도 불구하고 무작정 덤벼 보았다.

짧은 신학교 선생 경험에서 볼 때 1969/70년에 로마 미사경본과 함께 나온「미사경본 총지침」에 대한 어떠한 해설서나 참고 문헌이 없는 우리 교회의 실정을 생각하면 이 책은 더없이 큰 도움이 될 것이다.

아무쪼록 이 책을 통해 성찬례의 본질과 그 의미를 더 깊이 깨달을 수 있는 계기가 되어 한 마음으로 하느님을 찬미·찬양하고 그분께 감사드릴 수 있으면 하고 희망해 본다.

끝으로 이 책의 번역을 허락해 주신 분도출판사 강순건 신부님과 교정해 주신 정한교 선생님께 깊은 감사를 드리며 끝까지 원고의 컴퓨터 작업을 해 준 김용범(그레고리오) 보좌신부에게 특별한 고마움을 드린다.

1996. 8. 14. 대밭(죽전) 본당에서
최창덕 신부